100
TAUCHPLÄTZE

Copyright © Parragon Books Ltd
Queen Street House
4 Queen Street
Bath BA1 1HE, UK

Konzept: LKO Verlagsgesellschaft mbH, Köln

Producing u. Bildredaktion: Inga Menkhoff, Köln

Alle Rechte vorbehalten. Die vollständige oder auszugsweise Speicherung, Vervielfältigung oder Übertragung dieses Werks, ob elektronisch, mechanisch, durch Fotokopie oder Aufzeichnung, ist ohne vorherige Genehmigung des Rechteinhabers urheberrechtlich untersagt.

ISBN 978-1-4075-5537-9

Printed in China

Abbildungsnachweis:

Fotos © Paul Munzinger, www.uw-media.de

S. 23 oben © Heike Merz, www.nauticteam.com
S. 26/27 © Ingo Vollmer, www.marlin.de
S. 39 © Waltraud Binanzer, www.dietaucher.com
S. 143 oben © Craig „Monty" Sheppard, www.bilikiki.com
S. 144 © Helmut Debelius
S. 146 © Horst Ringeisen
S. 147 oben © www.moorea-fundive.com
S. 147 unten © www.bigstockphoto.com
S. 153 unten u. 155 unten © Courtesy of Tourism Queensland
S. 156 © Gerald Nowak
S. 162/163 © www.underseahunter.com
S. 182 links © Ty Sawyer

Hinweis zu den Fakten-Kästen:

- **Schwierigkeit:** ■ (= einfach) – ■■■■■ (= schwierig)
- **Artenreichtum Korallen:** ■ (= klein) – ■■■■■ (= groß)
- **Artenreichtum Fische:** ■ (= klein) – ■■■■■ (= groß)
- **Großfische:** ■ (= wenige) – ■■■■■ (= viele)
- **Wracks:** ■ (= wenige) – ■■■■■ (= viele)
- **Höhlen:** ■ (= wenige) – ■■■■■ (= viele)
- **Steilwände:** ■ (= wenige) – ■■■■■ (= viele)
- **Schnorcheln:** ■ (= wenige Gelegenheiten) – ■■■■■ (= viele Gelegenheiten)

100 TAUCHPLÄTZE

Unterwasserparadiese rund um den Globus

PAUL MUNZINGER

Bath · New York · Singapore · Hong Kong · Cologne · Delhi · Melbourne

Inhalt

Vorwort 6

Atlantik und Nebenmeere 8

Mittelmeer 10
- 1 Îles d'Hyères – Frankreich 10
- 2 Costa Brava – Spanien 12
- 3 Mallorca – Spanien 14
- 4 Cala Gonone – Italien 16
- 5 Elba – Italien 18
- 6 Die Kornaten – Kroatien 20
- 7 Malta 22
- 8 Kaş – Türkei 24

Atlantik 26
- 9 Nova Scotia – Kanada 26
- 10 Kapverdische Inseln – Republik Kap Verde 28
- 11 Madeira – Portugal 30
- 12 Teneriffa – Spanien 32
- 13 São Tomé – São Tomé und Príncipe 34
- 14 Kapstadt – Südafrika 36
- 15 Gansbaai – Südafrika 38

Nordische Gewässer 39
- 16 Scapa Flow – Schottland 39
- 17 Sisimiut – Grönland 40
- 18 Ålesund – Norwegen 42
- 19 Lundy – England 44
- 20 Åland – Finnland 46

Rotes Meer 48
- 21 Saudi-Arabien 50
- 22 Sudan 52
- 23 Tiefer Süden – Ägypten 54
- 24 Goldene Mitte – Ägypten 56
- 25 Brother Islands – Ägypten 58
- 26 Abu Nuhas & Sha'ab Ali – Ägypten 60
- 27 Südsinai – Ägypten 62
- 28 Tiran-Riffe – Ägypten 64
- 29 Dahab – Ägypten 66
- 30 Djibouti 67

Indischer Ozean 68
- 31 Nord-Male-Atoll – Malediven 70
- 32 Süd-Male-Atoll – Malediven 72
- 33 Nord-Ari-Atoll – Malediven 74
- 34 Süd-Ari-Atoll – Malediven 76
- 35 Süd-Atolle – Malediven 78
- 36 Al Mukallah – Jemen 80
- 37 Pemba – Tansania 81
- 38 Seychellen 82
- 39 Phuket – Thailand 84
- 40 Ko Lanta – Thailand 86
- 41 Similan-Inseln – Thailand 88
- 42 Surin-Inseln – Thailand 90
- 43 Myanmar 92

Indopazifik 94
- 44 Raja Ampat – Indonesien 96
- 45 Misool – Indonesien 98
- 46 Bandasee – Indonesien 100
- 47 Komodo – Indonesien 102
- 48 Bali – Indonesien 104
- 49 Maratua-Atoll – Indonesien 106
- 50 Kakaban – Indonesien 108
- 51 Südsulawesi – Indonesien 110
- 52 Nordsulawesi – Indonesien 112
- 53 Sangihe-Inseln – Indonesien 114
- 54 Sipadan – Malaysia 115
- 55 Tubbataha-Riffe – Philippinen 116
- 56 Dauin – Philippinen 118
- 57 Moalboal – Philippinen 120
- 58 Cabilao – Philippinen 122
- 59 Malapascua – Philippinen 124

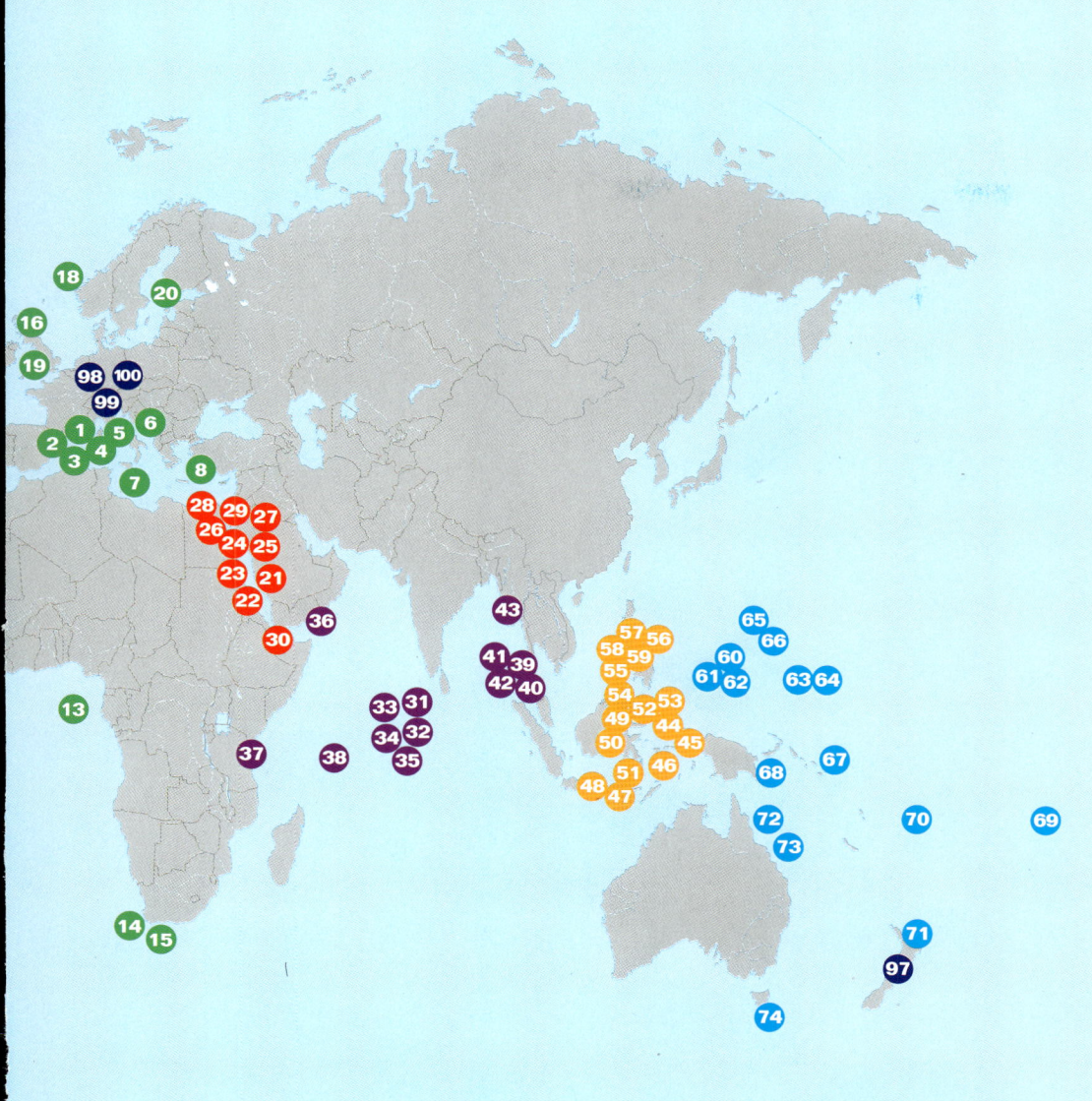

Pazifik 126

Nördlicher Pazifik 128

- 60 Palau 128
- 61 Blue Corner & Blue Holes – Palau 132
- 62 Ngemelis & Peleliu – Palau 133
- 63 Chuuk (Truk Lagoon) I – Mikronesien 134
- 64 Chuuk (Truk Lagoon) II – Mikronesien 136
- 65 Yap – Mikronesien 138
- 66 Yap: die Kanäle – Mikronesien 140

Südlicher Pazifik 142

- 67 Salomonen 142
- 68 Papua-Neuguinea 144
- 69 Moorea – Französisch-Polynesien 146
- 70 Fidschi-Inseln 148
- 71 Neuseeland 150
- 72 Nördliches Great Barrier Reef – Australien 152
- 73 Südliches Great Barrier Reef – Australien 154
- 74 Tasmanien – Australien 156

Pazifik 157

- 75 Kalifornien – USA 157
- 76 Baja California – Mexiko 158
- 77 Socorro-Inseln – Mexiko 160
- 78 Cocos-Insel – Costa Rica 162
- 79 Galapagos-Inseln – Ecuador 164
- 80 Wolf & Darwin – Ecuador 166

Karibik 168

- 81 Grenada 170
- 82 Carriacou – Grenada 172
- 83 Bonaire – Niederländische Antillen 174
- 84 Roatan – Honduras 176
- 85 Banco Chinchorro – Mexiko 178
- 86 Belize 180
- 87 Blue Hole – Belize 182
- 88 Florida Keys – USA 183
- 89 Bahamas 184
- 90 Turks- & Caicos-Inseln 186
- 91 Südwestliches Kuba 188
- 92 Jardines de la Reina – Kuba 190
- 93 Cayman-Inseln 192

Süßwasser 194

- 94 Crystal River – USA 196
- 95 Ginnie Springs – USA 198
- 96 Cenoten – Mexiko 200
- 97 Waikoropupu-Springs – Neuseeland 202
- 98 Rhein – Schweiz/Deutschland/Frankreich 204
- 99 Verzasca & Maggia – Schweiz 206
- 100 Fernsteinsee & Samaranger See – Österreich 208

Vorwort

Die besten Tauchreviere der Welt auszuwählen, ist ein schwieriges Unterfangen – schließlich sind mehr als zwei Drittel der Oberfläche unseres Planeten von Ozeanen bedeckt. Allein das kleine Mittelmeer verfügt über eine Fläche von über drei Millionen Quadratkilometern und der Meeresgrund ist mit zahlreichen Wracks übersät. Indonesien weist über 18 000 Inseln mit herrlichen Steilwänden voller Korallen auf, die Karibik zählt 36 Inselgruppen und wer hat schon die vielen Atolle und Riffe des gesamten Pazifiks gezählt?

Weltweit gibt es lohnende und faszinierende Tauchspots, die alle einzigartig und verschieden sind. Geschichtsträchtige Wracks und Amphorenfelder bieten spannende Unterwasser-Erlebnisse. Begegnungen mit Großfischen wie dem Weißen Hai sind für manche ein Traum, für andere ein Albtraum. Höhlen und Grotten begeistern viele, nur wer Angst vor engen Räumen hat, sollte lieber an endlosen Steilwänden oder an tropisch-bunten Korallenformationen entlangtauchen.

Bei der Auswahl der besten Tauchgebiete waren verschiedene Kriterien ausschlaggebend. Will ein Riff zu den besten und schönsten Tauchplätzen der Erde gehören, sollte seine Unterwasserflora und -fauna außergewöhnlich und vielfältig sein. Leider verändern der fortschreitende Klimawandel und die damit einhergehende Erwärmung der Meere auch die Riffe. Durch die Korallenbleiche und das schleichende Absterben der Riffe sind im Laufe der Zeit einst wunderschöne Gebiete zu Unterwasserwüsten verkommen.

Auch die Qualität des Wassers ist von zentraler Bedeutung – im klirrend kalten Meer jenseits des Polarkreises in Grönland ebenso wie in den warmen Tropengewässern oder in den vielen Seen und Flüssen, die von den meisten Tauchern noch immer unterschätzt werden. Außergewöhnliches kann man fast überall finden – wo genau, zeigt Ihnen dieses Buch. Die ausgewählten Spots sind so abwechslungsreich wie möglich zusammengestellt. Sie sollen dem Anfänger Lust machen und dem Profi Alternativen aufzeigen. Tauchen Sie mit uns ab zu den Wundern der Meere, in die fantastische Welt unter den Wellen, die unvergessliche Abenteuer bereithält.

Zwischen Europa und Afrika im Osten und Amerika im Westen erstreckt sich von der Arktis bis zur Antarktis der Atlantik, das zweitgrößte Weltmeer. Das Spektrum der Unterwasserflora und -fauna ist sehr groß, wenn auch die Korallenwelt vergleichsweise weniger vielfältig ist. Die begehrtesten Tauchziele liegen in einem seiner Nebenmeere, dem Mittelmeer.

ATLANTIK
UND NEBENMEERE

MITTELMEER: FRANKREICH
Îles d'Hyères

DIE INSELGRUPPE ÎLES D'HYÈRES AN DER CÔTE D'AZUR GILT ALS UNTERWASSERPARADIES. HIER LIEGT NICHT NUR DIE WIEGE DES TAUCHSPORTS, SONDERN AUCH PORT-CROS, EIN MEERESNATIONALPARK MIT VORBILDFUNKTION UND EIN RIESIGER SCHIFFSFRIEDHOF.

Die Côte d'Azur hat Unterwassergeschichte geschrieben. Der österreichische Tauchpionier Hans Hass steckte an der sogenannten französischen Riviera in den 1930er-Jahren zum ersten Mal seinen Kopf unter die Wellen und sein Kollege Jacques-Yves Cousteau entwickelte hier zusammen mit Émile Gagnan den ersten Lungenautomaten.

Der Küstenabschnitt, der sich etwa von Marseille bis nach Monte Carlo erstreckt, hat auf der gesamten Strecke zahlreiche Highlights zu bieten und ist für Sporttaucher ein wahres Eldorado. Keine 50 Kilometer östlich von Toulon schlägt auf der Inselgruppe Îles d' Hyères zweifelsohne das französische Herz des Tauchens.

Die drei Hauptinseln Porquerolles, Port-Cros und die Île du Levant liegen östlich vor der Halbinsel Giens, wo sich gleich mehrere Basen angesiedelt haben. Von dort starten jeden Morgen Tauchschiffe zu über 40 Spots rund um die Halbinsel und das kleine Inselarchipel. Hauptsächlich werden die Insel Porquerolles und das beliebte Naturschutzgebiet Port-Cros angesteuert, das wahre Karibik-Atmosphäre ausstrahlt.

Bei der kleinen Insel La Gabinière gibt es eine besondere Attraktion: Ein paar Dutzend Zackenbarsche leben rund um diesen Felsen, der „Methusalem" unter ihnen misst 1,5 Meter. Dichte Wälder von roten Gorgonien, große Gabeldorsche und fette Meeraale sind am Spot *Sec de la Gabinière* zu bestaunen.

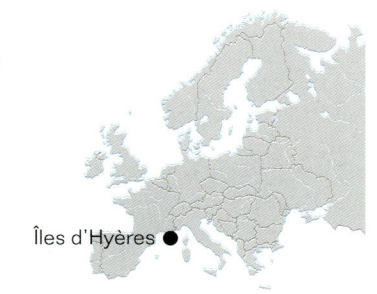
Îles d'Hyères

1 FAKTEN

- **Tiefe:** 15–55 m
- **Sichtweite:** 12–30 m
- **Wassertemperatur:** 14–23 °C
- **Beste Jahreszeit:** Mai–Okt.
- **Schwierigkeit:** ■–■■■■■
- **Artenreichtum Korallen:** ■■■
- **Artenreichtum Fische:** ■■■
- **Großfische:** ■■■
- **Wracks:** ■■■■■
- **Höhlen:** ■
- **Steilwände:** ■■■
- **Schnorcheln:** ■■■, Port-Cros: ■■■■

Zum Pflichtprogramm gehören natürlich auch die zahlreichen Schiffs- und Flugzeugwracks. Wenn das Wetter mitspielt und man die nötige Erfahrung mitbringt, sollte man die „Donator" (max. 52 m tief) und die „Le Grec" (max. 47 m tief) unbedingt gesehen haben. Beiden Frachtern wurde am Ende des Zweiten Weltkrieges eine treibende Mine zum Verhängnis. Sie liegen nicht weit auseinander, zwischen Porquerolles und Port-Cros, südöstlich der kleinen Insel Petit Sarranier, wo man ebenfalls bestens tauchen kann. Weitere Wracks der Gegend sind das Congerwrack, die „Ville de Grasse", die „Rubis", die „Michel C", eine Heinkel und eine Mustang.

So beeindruckend das Tauchen rund um Hyères heute ist, kann man sich kaum vorstellen, dass es noch vor nicht allzu langer Zeit ganz anders aussah. Anfang der 1980er-Jahre war das Meer sehr verschmutzt und überfischt. Für Taucher gab es nichts mehr zu sehen und zudem war alles sehr teuer. Daraus resultierte der damalige kollektive Run ans Rote Meer. Nicht ganz billig ist es an der Côte d'Azur heute noch, doch nicht zuletzt durch strengere Gesetze ist das Meer wieder sauber und hat unter Wasser vieles zu bieten.

Linke Seite: Das Heck mit Decksaufbauten der „Le Grec"

Oben: Gelbe und rote Gorgonien am Sec du Sarranier

Unten: Etwa ein Dutzend Zackenbarsche leben rund um die kleine Felseninsel La Gabinière

MITTELMEER: SPANIEN

Costa Brava

AUF ETWA 160 KILOMETERN KÜSTENLÄNGE GIBT ES AN DER COSTA BRAVA EXZELLENTE TAUCHSPOTS WIE SAND AM MEER. DIE „WILDE KÜSTE" BESTICHT GLEICH MIT ZWEI MARINEPARKS, DIE DIESE GEGEND ZUM TAUCHERMEKKA DES MARE NOSTRUM MACHEN.

Die Costa Brava erstreckt sich von der spanisch-französischen Grenze bei Portbou bis nach Blanes und gehört zur autonomen Region Katalonien. Den Namen des Küstenabschnitts prägte der Schriftsteller Ferran Agulló bereits im Jahr 1908. Als „wild" bezeichnete er insbesondere die bizarren und teils sehr steil abfallenden Felsküsten der Halbinsel Cap de Creus im Norden und die Küste des Cap de Begur weiter südlich. Diese wilden Plätze sind heutzutage bei Tauchern besonders beliebt. Zwischen den beiden Kaps liegen ehemalige kleine Fischerdörfer, die sich im Laufe der Jahre zu Touristenzentren entwickelt haben.

Im Norden der Costa Brava bilden die Stadt Roses und der Naturschutzpark Cap de Creus das Zentrum des Tauchsports. Für Kenner sind Tauchplätze am Cap Norfeu – wie *El Gat, Trencat* oder *La Rata* – von besonderem Reiz. Zu erreichen sind diese von den Tauchbasen in Roses, Cala Jòncols oder Cadaqués. *La Rata*, auch als *Massa d'Or* bekannt, ist der heimliche Favorit der gesamten Costa Brava, kann aber aufgrund der oftmals schwierigen Wetterverhältnisse nur selten und nur von sehr erfahrenen Tauchern angefahren werden. Zum Repertoire aller nördlichen Spots gehören Gorgonienwälder, Oktopusse, Langusten, Meeraale, Drachenköpfe, Barsche und auch Edelkorallen.

Die Stadt L'Estartit und die davorliegenden, unter Naturschutz stehenden Islas Medes sind im Süden das Zentrum der Aquanauten. Zwischen ihnen

Costa Brava

und Sant Feliu de Guíxols findet sich eine ganze Menge verschiedener Tauchplätze der Spitzenklasse. Seitdem der Einsatz von Harpunen verboten ist, haben sich rund um die Inseln riesige Zackenbarsche ausgebreitet, auch Langusten leben hier sehr geschützt. In den Höhlen und Grotten findet man unter Überhängen oftmals noch „Rotes Gold" – die bis zu handgroßen Edelkorallen stehen jedoch unter Naturschutz und dürfen nicht angefasst werden.

Weiter südlich vor Tamariu gedeihen dicht an dicht die wohl beeindruckendsten Gorgonienfächer des gesamten Mittelmeeres. Zwischen den roten und gelben Fächern tummeln sich Fahnenbarsche und sogar Heringskönige. In der Bucht von Tamariu kann man Seepferdchen, Grasnadeln, Petermännchen, Knurrhähne und Schlangenaale entdecken. So zieht es nicht nur Tauchbasen bei Schlechtwetter, sondern auch viele biologisch Interessierte hierher.

Die gesamte Costa Brava hat mit ihren zwei tollen Tauchrevieren im Norden und Süden maßgeblich zur Renaissance des Mittelmeeres beigetragen.

Linke Seite: Geschickt versteckt sich dieser Oktopus vor den Tauchern

Oben: Meeraal in der Bucht von Cala Jòncols

Unten: Traumkorallenwand in Tamariu

2 FAKTEN

- **Tiefe:** 5–40 m
- **Sichtweite:** 10–30 m
- **Wassertemperatur:** 14–24 °C
- **Beste Jahreszeit:** Mai–Okt.
- **Schwierigkeit:** ■-■■■
- **Artenreichtum Korallen:** ■■■■
- **Artenreichtum Fische:** ■■■■
- **Großfische:** ■■■
- **Wracks:** ■■
- **Höhlen:** ■■■
- **Steilwände:** ■■■■
- **Schnorcheln:** ■■■■

MITTELMEER: SPANIEN

Mallorca

MALLORCA, DIE GRÖSSTE INSEL DER BALEAREN, VERFÜGT ÜBER FAST DREI DUTZEND TAUCHBASEN. MIT MENORCA, IBIZA UND FORMENTERA KOMMEN NOCHMALS 25 DAZU – EIN WAHRES TAUCHERPARADIES.

Die Balearen liegen etwa 90 bis 200 Kilometer vom spanischen Festland entfernt im westlichen Mittelmeer und gehören zu den beliebtesten Reisezielen der Welt. Jährlich reisen Millionen von Europäern auf die Ferieninseln, die weit mehr zu bieten haben als Palmenstrände und Partys. So ist es kein Wunder, dass sich an den herrlich zerfransten Küstenlinien einige internationale Tauchbasen niedergelassen haben.

Sehr beliebt und bekannt sind die Tauchreviere Mallorcas, besonders die im Südwesten, im Südosten und im Nordosten der Insel. Die Isla Sa Dragonera in der Südwestecke, auch Dracheninsel genannt, steht unter Naturschutz und wird unter Tauchern als Geheimtipp gehandelt. Hierher kommt man schnell von den Basen rund um Port Andratx und San Telmo.

Auf der Dracheninsel, auf der Halbinsel La Mola und am Cap des Llamps finden sich ausreichend Motive für ein ganzes Bilderbuch zur Flora und Fauna des Mittelmeeres. Die Vielfalt der Fische ist in den Monaten April bis Juli am größten. Neben den Korallen, die in etwa 40 Metern Tiefe liegen, gibt es Steilwände und Überhänge, die mit gelben Krustenanemonen bewachsen sind. Für reichlich Abwechslung sorgen auch Grotten und Höhlen wie die *K 6* oder *El Catedral* mit herrlichen Tropfsteinformationen. Taucher mit Höhlenerfahrung können in zwei luftgefüllten Hohlräumen auftauchen und Stalaktiten und Stalagmiten bestaunen. Neben über 40 lohnenswerten Tauchplätzen bietet der Südwesten auch zwei Wracks: Die „MS Goggi III" und die „MS Josephin" sollten ebenfalls ins Logbuch gehören, setzen jedoch etwas Erfahrung voraus.

Im Nordosten von Mallorca liegt Cala Ratjada mit Steilwänden von 10 bis 38 Metern Tiefe, bewachsenen Canyons und der beeindruckenden *Jaimes Kathedrale*: Eine Höhle der Superlative, die 1970 entdeckt wurde. In den planktonarmen und daher meist sehr klaren Gewässern sind Rochen, Thunfische und Barrakudas zu Hause.

Fast 40 Tauchplätze findet man auch an der Cala d'Or im Südosten der Insel. Von Riffen bis zu Höhlen ist für jeden Tauchgeschmack etwas dabei. Wie viele Topspots es rund um die ganze Insel gibt, hat wohl noch niemand gezählt … Nicht zu vergessen sind jedoch auch die Nachbarinseln, die jede für sich einen Tauchurlaub wert sind.

Rechte Seite: Schön bewachsener Anker an der Punta Galinda bei Port Andratx

Oben: Den Schriftbarsch findet man in Höhlen und Nischen

Mitte: Meist gut versteckt und deshalb schwieriger zu entdecken – der Meeraal

Unten: Bei Störungen zieht sich die Zylinderrose blitzschnell in ihre Röhre zurück

3 FAKTEN

- Tiefe: 5–40 m
- Sichtweite: 15–35 m
- Wassertemperatur: 14–28 °C
- Beste Jahreszeit: März–Nov.
- Schwierigkeit: ■–■■■■■
- Artenreichtum Korallen: ■■■
- Artenreichtum Fische: ■■■■
- Großfische: ■■■
- Wracks: ■
- Höhlen: ■■■■■
- Steilwände: ■■■■
- Schnorcheln: ■■■

MITTELMEER: ITALIEN

Cala Gonone

AN DER OSTKÜSTE SARDINIENS LIEGT IM GOLF VON OROSEI DER KLEINE BADEORT CALA GONONE. DIE GROTTEN UND HÖHLEN, DIE HIER UNTER WASSER ZU FINDEN SIND, ZÄHLEN ZU DEN SCHÖNSTEN, DIE DAS MITTELMEER ZU BIETEN HAT.

Das Wasser ist so klar, dass man bei glatter See bereits von oben das Wrack erkennen kann, das in 34 Metern Tiefe senkrecht auf dem Sandgrund steht. Die „KT 12" wurde während des Zweiten Weltkrieges im Auftrag der deutschen Kriegsmarine in Livorno gebaut und sollte Fahrzeuge, Treibstoff und Lebensmittel nach Nordafrika bringen. Das bewaffnete Militärschiff wurde jedoch am 10. Juni 1943 vom englischen U-Boot „Safari" angegriffen und von dessen Torpedo am Bug getroffen. Es sank und befindet sich heute auf dem Meeresgrund vor Orosei.

Pinkfarbene Fahnenbarsche, schwarze Mönchsfische, Conger, Muränen und Barsche haben sich mittlerweile das künstliche Riff als ihr Domizil ausgesucht. Zwischen den Decksaufbauten kann man gut hindurchschwimmen, der Kapitänsstand und Reste der Schiffsladung, beispielsweise einige Lastwagen, können bei einem Tauchgang besichtigt werden. Besonders schön sind Schraube, Bordgeschütz und das hintere farbige Steuerrad. Wer zu ihnen abtauchen will, sollte Nitrox in seinem Tauchgerät haben, ansonsten sind beim Auftauchen langweilige Dekompressionszeiten im Freiwasser angesagt.

Direkt vor der Cala Luna, dem bekanntesten Strand der Gegend um Cala Gonone, liegt das Wrack des ehemaligen Dampfschiffes „Nasello", das ebenfalls 1943 versenkt wurde. Der Zweite Weltkrieg hat überall vor der Küste Sardiniens furchtbare Spuren hinterlassen – weit über 100 Wracks schlummern vor der

Cala Gonone

4 FAKTEN

- **Tiefe:** 3–40 m
- **Sichtweite:** 20–40 m
- **Wassertemperatur:** 14–24 °C
- **Beste Jahreszeit:** Mai–Okt.
- **Schwierigkeit:** ■–■■■■■
- **Artenreichtum Korallen:** ■■
- **Artenreichtum Fische:** ■■■
- **Großfische:** ■
- **Wracks:** ■■■
- **Höhlen:** ■■■■■
- **Steilwände:** ■■
- **Schnorcheln:** ■■■■

Insel. Viele davon sind für Sporttaucher zu tief gelegen und daher technischen Tauchern, auch Tecktaucher genannt, vorbehalten.

Neben Wracks bietet dieser Küstenabschnitt äußerst lohnenswerte Höhlen. Eine davon ist das schier unendlich lange Höhlensystem *Utopia* vor Cala Gonone. Bis an die Grenzen des Tageslichtbereiches und ins tiefe Innere der Erde kommt man auch in den Gängen der *Galeria* oder der *Grotta della Ostriche*. Für diese Tauchgänge sind jedoch ein Grotten- und ein Höhlenkurs Voraussetzung. Einfach zu betauchen ist hingegen die *Grotta dello Smeraldo*, denn das Auftauchen ist hier jederzeit möglich. Allgemein ist Tauchen rund um Cala Gonone für Anfänger gut geeignet, da der Meeresboden vor der Küste leicht abfällt.

Obwohl Sardinien die zweitgrößte Insel des Mittelmeeres ist, sind an ihrer Küste nur recht wenige Tauchbasen zu finden. Dabei gilt der grandiose Küstenabschnitt im Golf von Orosei, ebenso wie die Gegend um Alghero im Nordwesten der Insel, als absolutes Highlight für jeden Taucher. Selbst international bekannte Höhlentaucher kommen immer wieder hierher, da es noch eine ganze Menge zu entdecken gibt.

Linke Seite: Ein mystischer Anblick: die Bordkanone der „KT 12"

Oben: In der Traumwelt der Grotta dello Smeraldo aufgetaucht

Unten links: Das Steuerrad der „KT 12" – bewachsen mit neuem Leben

Unten rechts: Nichts für Anfänger – Tauchen in der Höhle Utopia

MITTELMEER: ITALIEN

Elba

SEIT DEN ZEITEN DES WIRTSCHAFTSWUNDERS IST ELBA EIN KLASSIKER UNTER DEN TAUCHZIELEN. SCHON DAMALS WAREN DIE UNTERWASSERWELTEN IM TYRRHENISCHEN MEER AUSSERGEWÖHNLICH SCHÖN UND TROTZ KLEINER AUSZEITEN SIND SIE ES BIS HEUTE GEBLIEBEN.

Die Eisenerzinsel Elba hat eine wechselhafte Geschichte: Etrusker, Römer, Langobarden und einige andere besetzten die Insel im Laufe der letzten 2750 Jahre. Nur einer kam unfreiwillig: Napoleon. Nach seinem missglückten Russlandfeldzug wurde der einstige Herrscher Europas 1814 nach Elba strafversetzt, wo er Reformen und Gesetze erließ und damit maßgeblich zum Fortschritt der Insel beitrug.

Ein anderes Gesetz von großer Bedeutung sorgte im Jahr 1996 dafür, dass weite Teile der Natur über und unter Wasser unter Naturschutz gestellt wurden. Dies war nötig geworden, da aufgrund von Überfischung und Harpunieren vor Elba so gut wie keine großen Fische mehr lebten. Die Situation änderte sich erst mit der Einrichtung des Nationalparks „Parco Nazionale Arcipelago Toscano".

Aus der Vogelperspektive sieht die kleine Schwester Korsikas, die gerade mal 20 Kilometer von Italien entfernt liegt, wie ein riesiger Wal aus. Die 174 Kilometer lange Küste der Insel kann man in folgende Tauchreviere einteilen: den Norden um Portoferraio und Cavo, den Osten um Porto Azurro, den Süden um Marina di Campo, den Westen um Pomonte.

Im Norden Elbas findet man vor der unter Naturschutz stehenden Mini-Leuchtturminsel Scoglietto Grotten, gorgonienbewachsene Steilwände, Barsche und ab und zu sogar Mondfische. Mit etwas Glück gibt es nebenan am Capo d'Enfola Thunfischschwärme zu

Linke Seite: Leuchtend rote Gorgonenwand

Oben: Drohgebärde einer Muräne

Unten: Edelkoralle, auch „Rote Koralle" genannt

sehen. Von Marciana Marina gelangt man zum *Punto Nasuto*, wo eine legendäre Christusstatue unter Wasser steht, und in der Bucht von Portoferreio liegen in 37 Metern Tiefe Teile einer abgeschossenen „Ju 52". Ganz nördlich am *Capo Vita* findet sich zwischen Fächerkorallen ein zwei Mann hoher Anker, der angeblich von einem päpstlichen Schiff stammen soll.

Im Nordosten Elbas kann man vor der kleinen Insel Palmaiola die Untiefe *Secca del Frate* betauchen, die fast bis unter die Oberfläche ragt und ein gutes Nacktschneckengebiet ist. Ebenso bunt bewachsen sind die östlich der Insel gelegenen Steilwände von *Punta delle Cannelle* kurz vor Porto Azzurro, von *Picchi di Pablo* und der südöstlicheren Insel Remaiolo.

Im Süden finden sich bei *Capo di Stella* tolle Korallenwälder und am *Secca di Fonza* sind Conger, Oktopusse und Edelkorallen die Highlights. Das bekannteste Wrack vor der Küste Elbas ist die „Elviscott". Sie ruht seit 1971 am westlichen Zipfel vor Pomonte in nur 13 Metern Tiefe und ist somit auch für Anfänger geeignet.

Wunderschöne Tauchgänge, bei denen man noch prächtige Hummer zu sehen bekommt, erlebt man 50 Kilometer südlich von Elba vor der Insel Giglio.

⑤ FAKTEN

- **Tiefe:** 10–40 m
- **Sichtweite:** 15–30 m
- **Wassertemperatur:** 13–27 °C
- **Beste Jahreszeit:** Mai–Okt.
- **Schwierigkeit:** ■–■■■
- **Artenreichtum Korallen:** ■■■
- **Artenreichtum Fische:** ■■■
- **Großfische:** ■■
- **Wracks:** ■
- **Höhlen:** ■
- **Steilwände:** ■■■■
- **Schnorcheln:** ■■■

ATLANTIK UND NEBENMEERE | 19

MITTELMEER: KROATIEN

Die Kornaten

DIE KORNATEN SIND DIE GRÖSSTE INSELGRUPPE IM MITTELMEER UND DAS GRÖSSTE ZUSAMMENHÄNGENDE TAUCHREVIER KROATIENS. SIE SIND STRENG GESCHÜTZT UND IHRE FLORA UND FAUNA SIND FAST UNBERÜHRT – TAUCHER ERLEBEN HIER IHR „BLAUES WUNDER".

Rechte Seite: Amphorenfeld im Tauchgebiet der Kornaten

Unten: Annäherung an eine Spiegeleiqualle

Traumhafte einsame Inseln, umsäumt von glasklarem Wasser – so werben die Kornaten für sich, ohne dabei zu übertreiben. Die einzigartige Inselkette mit kargem Charme im mittleren Teil der Adria erstreckt sich über eine Länge von 35 Kilometern und eine Breite von 8 Kilometern. Der Kornati-Archipel befindet sich im Privatbesitz einiger Bewohner der Insel Murter.

Bereits 1980 wurde das Gebiet, welches aus zwei Inselreihen besteht, größtenteils zum Nationalpark erklärt. Heute stehen von ca. 150 Inseln 89 Eilande unter Naturschutz – auch unter Wasser. Die größte und längste Insel heißt Kornat und nimmt zwei Drittel der gesamten Landfläche ein – leicht vorzustellen, wie klein die anderen Inseln somit sind, die im Südwesten liegen. Zusammen kommen sie auf eine Küstenlinie von 185 Kilometern und haben, wie auch zahlreiche Spots außerhalb des Nationalparks, viel zu bieten.

Es gibt zwei offizielle Eingänge in das Insellabyrinth, von denen Taucher ihre Tagesausflüge starten: Der nördliche befindet sich 15 Seemeilen von Šibenik entfernt, nahe Dugi Otok, einem hoch gelobten Touchereiland. Im Süden geht es von den Tauchbasen auf Murter etwas schneller in den Nationalpark.

Unter Wasser kommen Taucher besonders im Nahbereich auf ihre Kosten: farbige Nacktschnecken, zierliche Seepferdchen, grimmig ausschauende Drachenköpfe, scheue Langusten und schlaue Kraken – um nur einige Bewohner der Gegend zu nennen. Grandiose Steilwände mit üppigem Bewuchs gibt es am *Dom*, bei *Samograd* und *Balun*. Neben Fächerkorallen sind hier verschiedenartige Schwämme, die ältesten lebenden Vielzeller, vertreten.

Da die Kornaten auf einer wichtigen Wasserstraße der alten Römer und Griechen lagen, findet man auf dem Meeresgrund häufig Amphorenteile. Die Winde der Gegend sind noch heute berühmt-berüchtigt – einige neuzeitliche Wracks im Umfeld zeugen davon. Das herrlich bewachsene Paradewrack bei Murter ist die 1944 gesunkene „Francesca di Rimini", die mit Munition für die Truppen in Afrika beladen war. Das Deck liegt in 40 Metern Tiefe und ist folglich nur von erfahrenen Tauchern zu erkunden.

Tauchgänge sind im gesamten Nationalpark nur in organisierten Gruppen und in ausgewiesenen Zonen erlaubt und mit einer Gebühr verbunden.

6 FAKTEN

- **Tiefe:** 5–65 m
- **Sichtweite:** 15–40 m
- **Wassertemperatur:** 13–24 °C
- **Beste Jahreszeit:** Mai–Okt.
- **Schwierigkeit:** ■–■■■■■
- **Artenreichtum Korallen:** ■■■
- **Artenreichtum Fische:** ■■■
- **Großfische:** ■
- **Wracks:** ■■
- **Höhlen:** ■■
- **Steilwände:** ■■■■
- **Schnorcheln:** ■■■

MITTELMEER: MALTA

Malta

MALTA IST DER KLEINSTE STAAT DER EU UND LIEGT IM SÜDLICHEN MITTELMEER. DIE INSELGRUPPE, BESTEHEND AUS MALTA, GOZO UND COMINO, IST EIN HEISSER TIPP FÜR TAUCHENDE KULTURLIEBHABER.

Als strategisch gut gelegene Insel war Malta schon immer beliebt. Die maltesischen Inseln südlich von Sizilien, östlich von Tunesien und nördlich von Libyen sind schon seit über 6000 Jahren Drehpunkt für Handel und Militär. Karthager, Phönizier, Römer, Araber, Franzosen und Briten und einige andere kamen schon nach Malta. So sind die maltesischen Inseln im Laufe der Zeit ein riesiges Freilichtmuseum mit Spuren vieler Stile und Epochen geworden, auch unter Wasser.

An der Beliebtheit von Malta, Gozo und Comino hat sich bis heute nichts geändert. Das kleine Paradies im Mittelmeer zieht Touristen aus ganz Europa an. Für Taucher ist das Reiseziel wegen der sehr guten Sichtbedingungen, angenehmen Wassertemperaturen und spannenden Tauchplätze höchst interessant.

Die sehr hohe Steilküste setzt sich auch unter der Wasseroberfläche steil fort und ist damit ideal zum Tauchen. Vor den Drop-Offs, die tief ins Blaue stürzen, kann man als Taucher wunderbar im glasklaren Wasser schweben. Die vorhandene Flora und Fauna zählen zum Schönsten, was das wärmere Nebenmeer des Atlantiks zu bieten hat.

Das Besondere rund um Malta sind zahlreiche Tunnel, teils riesige Höhlen und Grotten, wie die Billinghurst, Coral, Gudja, L'Ahrax und St. Mary's Cave, sowie eine ganze Reihe von Schiffswracks. „Schiffe versenken" wird auf Malta wörtlich genommen und von Staat und EU gefördert, denn jeder aus-

7 FAKTEN

- **Tiefe:** 5–42 m
- **Sichtweite:** 20–40 m
- **Wassertemperatur:** 15–28 °C
- **Beste Jahreszeit:** Mai–Okt.
- **Schwierigkeit:** ■–■■■■■
- **Artenreichtum Korallen:** ■
- **Artenreichtum Fische:** ■■■■
- **Großfische:** ■
- **Wracks:** ■■■■
- **Höhlen:** ■■■■
- **Steilwände:** ■■■■
- **Schnorcheln:** ■■■

gediente Pott ist eine Touristenattraktion. Die neuesten rostenden Highlights sind die beiden Gozo-Fähren „Imperial Eagle" (42 m tief) und „Xlendi" (45 m tief).

Außerdem empfiehlt sich die 50 Meter lange „Karwela", die kleinere „Comino Land" und die „Boltenhagen", ein ehemaliges Minensuch- und Patrouillenschiff, das nun neben dem Hafenschlepper „MS Rozi" ihren Ruhestand genießt. Beliebt sind auch der 119 Meter lange Öltanker „Um el Faroud" und weitere Wracks aus dem Zweiten Weltkrieg.

Auf Malta gibt es nicht nur nahezu alles, was das Taucherherz begehrt, auch die taucherärztliche Versorgung im Notfall ist bestens, es existiert sogar ein Rettungshubschrauber mit mobiler Druckkammer. Mehrfach wurden vorbildliche Basen mit Preisen ausgezeichnet.

Linke Seite: Kunstvoll aufgefächerte Schraubensabelle

Oben: Wrack der 50 Meter langen „Karwela"

Unten: Der Schriftbarsch ist ein ausgeprägter Lauerjäger

ATLANTIK UND NEBENMEERE | 23

MITTELMEER: TÜRKEI
Kaş

ÜBER WASSER GEHT ES IN DEM MALERISCHEN FISCHERORT KAŞ AN DER LYKISCHEN KÜSTE EHER RUHIG ZU, UNTER WASSER IST ALLERDINGS EINIGES LOS: TAUCHURLAUBE IN DER TÜRKEI SIND REISEN IN DIE VERGANGENHEIT.

Die 5000-Seelen-Gemeinde Kaş liegt an der türkischen Südküste zwischen den beiden Touristenzentren Dalaman und Antalya. Auch wenn der Ort bis heute von den Massen verschont geblieben ist, bleibt in der Hauptsaison auch die charmante Bucht nicht ganz einsam, denn es gibt hier über zwei Dutzend Tauchspots und das Revier wurde von Tauchmagazinen schon häufiger in Bestenlisten gewählt. Dies ist nicht verwunderlich, da die Plätze sehr abwechslungsreich sind und über eine exzellente Fauna und viele Amphorenfelder verfügen. Anfänger wie Profis kommen auf ihre Kosten und wer warmes und klares Wasser liebt und kulturell interessiert ist, liegt am Rande des Taurusgebirges genau richtig.

Im Meer vor Kaş gibt es zwar nur wenige Korallen und auch größere Fische sucht man vergebens, doch vom Roten Meer kommen über den Suezkanal immer mehr tropische Fische. So trifft man in den klaren und türkisfarbenen Fluten, die von der Sichtweite kaum einem tropischen Meer nachstehen, öfter auf Papageien-, Soldaten-, Kaninchen-, Drücker- und auch Flötenfische. Diese leben zwischen kapitalen Zackenbarschen, verschiedenen Fischschulen wie Bernsteinmakrelen, Barrakudas, Brassen und Thunfischen und zusammen mit Rochen, Muränen und Schildkröten. In den vielen Seegraswiesen entdeckt man die Kindergärten der Fische und selbst große Steckmuscheln sind keine Seltenheit.

Spannende Tauchplätze zum Besichtigen von griechischen und römischen Amphoren sind *Assi Island* und die drei Felsen *Üç Kaya*, hier liegen Tongefäße mit einem Durchmesser von bis zu einem Meter auf dem Meeresgrund. Bei *Çapa Banko* wurden sogar noch alte Steinanker gefunden. Aber auch dort gilt: Das türkische Gesetz ist sehr streng und Diebstahl endet ohne Gnade im Gefängnis.

In der Umgebung finden sich acht sehenswerte Wracks. Ein wahres Prachtstück ist ein italienischer Bomber aus dem Zweiten Weltkrieg am Fuße eines abwechslungsreichen Riffes am Tauchplatz *Flying Fish*. Da dieser in 55 bis 65 Metern Tiefe liegt, ist er sehr erfahrenen Tauchern vorbehalten. Das Taucherglück perfekt machen Canyons, Schluchten und Höhlen – in manchen tritt sogar kaltes Süßwasser aus. An der lykischen Küste zeigt sich das Mittelmeer von seiner besten Seite, und die sollte kein Taucher verpassen.

Rechte Seite: Bei Tauchgängen an der türkischen Küste findet man immer wieder Amphoren

Oben: Diese Amphore wird von einem Seestern besetzt

Mitte: Gefleckte Leopardenschnecke

Unten: Der Bärenkrebs hat am Kopf schaufelartige Fortsätze

8 FAKTEN

- **Tiefe:** 5–65 m
- **Sichtweite:** 20–40 m
- **Wassertemperatur:** 18–29 °C
- **Beste Jahreszeit:** April–Okt.
- **Schwierigkeit:** ■–■■■■■
- **Artenreichtum Korallen:** ■
- **Artenreichtum Fische:** ■■■■
- **Großfische:** ■■■
- **Wracks:** ■■■
- **Höhlen:** ■■
- **Steilwände:** ■■■■
- **Schnorcheln:** ■■■■

ATLANTIK: KANADA

Nova Scotia

DAS WASSER RUND UM NOVA SCOTIA IST DANK DES GOLFSTROMS GAR NICHT SO KALT, WIE VIELE DENKEN. DIE UNTERWASSERWELT HIER IM NORDATLANTIK IST BUNT UND VON HUMMERN, KELPWÄLDERN, WRACKS UND STEILEN KÜSTEN GEPRÄGT.

Die Halbinsel Nova Scotia im Osten Kanadas, auch Neuschottland genannt, wird auf 7600 Kilometern Küste vom Atlantischen Ozean umspült, dabei bildet sie zusammen mit der Kap-Breton-Insel die zweitkleinste Provinz Kanadas. Nova Scotia steht für unberührte Natur – an Land wie unter Wasser. Die Halbinsel liegt genau auf dem 45. Breitengrad und somit auf der Höhe des nördlichen Mittelmeeres. Es herrschen relativ milde Temperaturen, was für Taucher bedeutet, dass man zwar einen wärmeren Anzug benötigt, es jedoch nicht unbedingt ein Trockentauchanzug sein muss.

Vom Flughafen in der Hauptstadt Halifax geht es für Taucher meist direkt zum Nordzipfel der Insel: Auf Janvrin's Island, zwischen der Halbinsel und der Kap-Breton-Insel, liegt eine der wenigen Tauchbasen der Gegend. Die Unterwasserszenerie der von hier erreichbaren Tauchplätze erscheint durch die dichten Laminarien- und Kelpwälder zunächst sehr grün. Schaut man aber näher hin, geht es teilweise so bunt zu wie in manch tropischen Gefilden, denn auch Korallen gedeihen in diesen Regionen und die Fisch- und Krebswelt ist alles andere als einfarbig.

Außergewöhnlich ist das Hausriff des schmucken Tauchresorts, denn es ist ein Wrack. Die „Arrow", ein ehemaliger Öltanker, ist 1970 mitten in der Chedabucto Bay gesunken und in zwei Teile zerbrochen. Das fotogene Heckteil ist 160 Meter lang und bis in zwölf Meter Tiefe vom Kelpwald besetzt, an dem gelegentlich sogar Robben jagen. Einige Flossenschläge tiefer befindet sich das Revier der Hummer, Seeskorpione und Barsche, noch weiter unten leben grimmige Seewölfe zwischen Seenelken. Nicht weit entfernt trifft man auf den etwas anspruchsvolleren norwegischen Holzfrachter „Gard", dessen höchster Punkt 18 Meter unter der Wasseroberfläche liegt. Neben vielen weiteren ist auch das Wrack des Fischöltankers „Baleine" einen Tauchgang wert.

Tauchausflüge zur südlich gelegenen Bucht von Fox Island, wo ab 15 Metern Tiefe Weichkorallen wachsen, bieten sich ebenso an wie zu den östlich gelegenen Tauchplätzen: Bei *Forest Cove* tummeln sich Seeteufel und Seeraben und in den dichten Laminarienwäldern vor *Crid* strecken einem auch schon mal Hummer ihre Scheren entgegen. Sie sind das Markenzeichen von Nova Scotia, dem weltgrößten Hummer-Exporteur. Wer Glück hat, sieht bei den Bootsausfahrten sogar Wale und Delfine.

9 FAKTEN

- **Tiefe:** 5–40 m
- **Sichtweite:** 7–20 m
- **Wassertemperatur:** 7–18 °C
- **Beste Jahreszeit:** Juni–Okt.
- **Schwierigkeit:** ■–■■■
- **Artenreichtum Korallen:** ■
- **Artenreichtum Fische:** ■■■
- **Großfische:** ■■
- **Wracks:** ■■■■
- **Höhlen:** –
- **Steilwände:** ■■
- **Schnorcheln:** ■

Linke Seite: Anemonen am Tauchplatz Cape Hogan

Oben: Taucher in den oberen Aufbauten der „Arrow"

Unten: Kleiner Seewolf in einem Rohr neben dem Wrack der „Arrow"

ATLANTIK: REPUBLIK KAP VERDE
Kapverdische Inseln

JENSEITS VON AFRIKA LIEGT DER KLEINE INSELSTAAT KAP VERDE, DER AUS 15 VULKANINSELN BESTEHT. IN DEN FRÜHEN 1990ER-JAHREN WURDE DAS GEBIET UNTER TAUCHERN ALS GEHEIM-TIPP GEHANDELT, DOCH SEIT EIN PAAR JAHREN ERLEBEN DIE INSELN EINEN KLEINEN BOOM.

Kapverdische Inseln

Ein Blick ins Logbuch: „7. Juli 1992, Tiefe 30 m, Insel Sal, große Ammenhaie, viel Schwarmfisch, sehr schön." Einen Tag später bei *Punta Preda* auf Santiago folgt der Zusatz: „Bescheiden, nichts los, trübe." Schon drei Stunden später heißt es: „Höchste Euphorie auf der gleichen Insel durch alte Anker", danach bei Fogo: „Absoluter Spitzenplatz mit Mantas, Zackenbarschen, ganze Wände von Fischschulen."

Die Einträge entstanden während einer Kreuzfahrt Anfang der 1990er-Jahre von den Inseln über dem Winde (Barlavento) zu den Inseln unter dem Winde (Sotavento). Eine Reise mit Expeditionscharakter, die viel Neuland und Abenteuer pur versprach. Denn die Dünung hier im Zentralatlantik, rund 450 Kilometer westlich des afrikanischen Festlands, ist häufig sehr hoch und man benötigt eine gute Kondition, auch wegen eventueller Strömungen, die immer wieder auftreten. Doch als Belohnung warteten unvergessliche Erlebnisse und Eindrücke.

Vor Cidade Velha, der ehemaligen Hauptstadt von Kap Verde auf der Insel Santiago, wurden damals riesige Anker gefunden. Das große Tal vor dem heute unbedeutenden, kleinen Fischerdorf diente einst als natürliches Gefängnis für afrikanische Sklaven, die nach Brasilien und in die Karibik verkauft wurden. Die vielen Anker unter Wasser zeugen noch heute von zahlreichen Piratenüberfällen, Sir Francis Drake griff die Stadt gleich zweimal an. Auch Vasco da Gama und Christoph Kolumbus kamen auf ihren früheren Entdeckungsreisen auf die Kapverdischen Inseln.

Linke Seite: Tauchgang zu einem gigantischen Anker

Oben: Kapverdisches Seepferdchen

Unten: Borstenwürmer auf einem Schwamm

Wenn man heute von einem kleinen Boom spricht, sind damit etwa ein Dutzend Tauchbasen gemeint. Die meisten haben sich aufgrund der Nähe zum Flugplatz auf der Insel Sal angesiedelt. Auch Santiago mit der heutigen Landeshauptstadt Praia hat einige Tauchbasen und herrliche Sandstrände.

Die Tauchführer kennen die kapverdische Unterwasserlandschaft mittlerweile sehr genau, sodass jeder Taucher auf seine Kosten kommt. Der Fischreichtum an den Tauchplätzen ist enorm und durch das Aufeinandertreffen warmer und kalter Strömungen sind die Chancen, auch größere Fische zu sehen, sehr gut. Die bizarre, vulkanische Gegend hat zudem unter Wasser viele Grotten, Überhänge, Canyons und Steilwände zu bieten, nur die Farbenvielfalt der Tropen fehlt.

10 FAKTEN

- **Tiefe:** 5–50 m
- **Sichtweite:** 10–30 m
- **Wassertemperatur:** 20–28 °C
- **Beste Jahreszeit:** März–Nov.
- **Schwierigkeit:** ■–■■■■■
- **Artenreichtum Korallen:** ■■■
- **Artenreichtum Fische:** ■■■■
- **Großfische:** ■■
- **Wracks:** ■■
- **Höhlen:** ■■■
- **Steilwände:** ■■■
- **Schnorcheln:** ■■

ATLANTIK: PORTUGAL

Madeira

DIE PORTUGIESISCHE INSEL LIEGT IM ÖSTLICHEN ATLANTISCHEN OZEAN, 1000 KILOMETER SÜDWESTLICH VON LISSABON. MADEIRA IST ALS WANDERZIEL BEKANNT, DOCH DIE STEILEN KÜSTEN UND EIN UNTERWASSER-NATIONALPARK MACHEN SIE AUCH ZUM TAUCHERPARADIES.

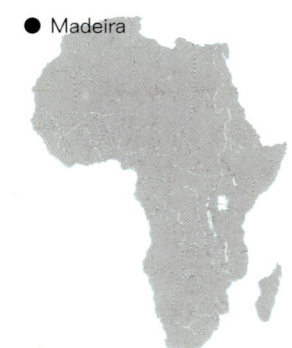
Madeira

Der Wind auf Madeira bläst meist aus Nordost und bringt Nässe und hohe Wellen mit sich. Für Taucher ist die Nordküste daher nicht ideal, der Süden hingegen ist trockener und präsentiert sich sonniger und ruhiger. Der hier auftretende Wassermangel wird mithilfe von Bewässerungskanälen, den sogenannten Levadas, ausgeglichen. Neben diesen laufen schmale Wege, die als Wanderwege dienen.

Die bunte Vulkaninsel ist von Gebirgen und steilen Küsten geprägt. Der höchste Berg der Insel, der Pico Ruivo, bildet nur das oberste Viertel eines Vulkansystems, das sich unter den Wellen steil und felsig bis auf 4000 Meter Tiefe fortsetzt. Die Insel kann zwar nur wenige Sandbuchten, dafür aber die höchsten Küstenfelsen der Erde vorweisen.

Die meisten Tauchbasen auf Madeira befinden sich in der Hauptstadt Funchal und in Caniço de Baixo, nicht weit vom Flugplatz im Osten der Insel. Beliebt ist das Tauchen hier besonders wegen des Unterwasser-Nationalparks „Riserva Natural Parcial do Garajau", der 1981 auf Initiative eines Deutschen gegründet wurde. In diesem geschützten Küstenabschnitt steht eine Hotelanlage mit einer Basis, die einen direkten Zugang zum Meer hat. Taucher können am Hausriff auf eigene Faust nach Belieben absteigen. Ihnen stehen vier Plätze zur Verfügung, wo es kleine Höhlen und Grotten gibt, in denen dicke Bärenkrebse wohnen. Die vulkanische Felslandschaft bietet unter Wasser viele Spalten und Löcher, in denen sich viele Fische und Kleintiere verstecken.

Neben bunten Schwämmen und Anemonen mit fantastischen Symbiosen können auch Muränen, Barsche, Soldatenfische, Meerbarben, knallrote Papageienfische, Barrakudas und Rochen bestaunt werden. Das unbestrittene Highlight sind jedoch handzahme Zackenbarschkolosse am weiter südlich gelegenen Kap Garajau, welches nur fünf Bootsminuten von der Hotelbasis entfernt liegt. Und wer etwas Glück hat, sieht die „gelbe Zitrone", einen einzigartigen gelben Zackenbarsch, Mantas oder gar eine Mönchsrobbe.

Auch auf der nordöstlich von Madeira gelegenen Insel Porto Santo gibt es Tauchbasen und zwei Dutzend Tauchspots, vom Wrack der „Madeirense", einem Thunfisch- und Barrakuda-Riff bis zum Kanonenplatz, wo mehrere Kanonen aus dem 18. Jahrhundert zwischen Felsblöcken verstreut liegen.

Die Meersfauna und -flora rund um Madeira ist eine Mischung aus dem, was Taucher sonst aus nördlicher gelegenen Gewässern, dem Mittelmeer und dem tropischen Süden des Atlantiks kennen.

Oben: Einmalig – ein gelber Spitzkopfzackenbarsch

Links: Ein Atlantischer Stechrochen tarnt sich im Sand

 **FAKTEN**

❖ **Tiefe:** 3–35 m
❖ **Sichtweite:** 10–30 m
❖ **Wassertemperatur:** 18–24 °C
❖ **Beste Jahreszeit:** Mai–Okt.
❖ **Schwierigkeit:** ■–■■■
❖ **Artenreichtum Korallen:** ■■
❖ **Artenreichtum Fische:** ■■■
❖ **Großfische:** ■■■
❖ **Wracks:** ■
❖ **Höhlen:** ■■■
❖ **Steilwände:** ■■■
❖ **Schnorcheln:** ■■■

ATLANTIK: SPANIEN
Teneriffa

DIE GRÖSSTE DER KANARISCHEN INSELN, DIE GEOGRAFISCH ZU AFRIKA UND POLITISCH ZU SPANIEN GEHÖREN, IST TENERIFFA. DIE INSEL IST SEIT ÜBER 30 JAHREN EIN BELIEBTES TAUCHZIEL MIT ÜBER 30 TAUCHBASEN.

Dank der Nähe zum nördlichen Wendekreis herrscht auf den Kanarischen Inseln ein mediterran-subtropisches Klima. Das ganze Jahr ist es angenehm warm, sodass die Hauptsaison zwölf Monate andauert. Um Touristen muss sich die „Insel des ewigen Frühlings" also nicht sorgen. Um dies zu sichern, hat die Internationale Seeschifffahrtsorganisation 2006 ein Gesetz erlassen, welches besagt, dass Schiffe mit gefährlicher Fracht im Umkreis von zwölf Seemeilen einen Bogen um die Kanarischen Inseln machen müssen. So sollen Schiffsunglücke, die katastrophale Folgen für Flora, Fauna und auch für den Tourismus hätten, vermieden werden.

Teneriffa ist eine Insel der Kontraste. Neben Sonne, Strand und Meer besticht sie durch ihre Landschaft. Diese beschrieb Alexander von Humboldt bereits vor 200 Jahren als einmaliges Naturparadies, das die landschaftliche Vielfalt eines ganzen Kontinentes auf etwa 80 Kilometern Länge und 50 Kilometern Breite vereint.

Neben dem höchsten Berg Spaniens, dem Pico del Teide, der sich aus einem hohen Vulkanmassiv auf stolze 3718 Meter erhebt, hat Teneriffa jedoch auch unter dem Meeresspiegel einiges zu bieten. Dies zeigt sich schon durch die große Anzahl an Tauchbasen rund um die Insel.

An der ruhigeren Westseite, etwas abseits des Touristenrummels im südlichen Playa Paraíso, gibt es seit 1980 eine internationale Tauchbasis unter deutscher Führung. Diese liegt etwa zwölf Kilometer nordwestlich von Playa de las Américas und wurde von der Tauchergemeinde bereits mit einigen Preisen ausgezeichnet. Tauchgänge sind oft direkt von Land möglich, auch Anfänger kommen so auf ihre Kosten.

Die Unterwasserszenerie ist wie die ganze Insel vulkanisch geprägt. Auf Taucher warten Grotten, Höhlen, Canyons und beeindruckende Felsformationen, die teilweise mit Schwämmen und Gorgonien bewachsen sind. Auch an Flossenträgern wird einiges geboten: Zu sehen sind unter anderem Barrakudas, Rochen, Barsche, Thunfische, Makrelen, Lipp- und Papageienfische, Goldstriemen, Muränen und Plattfische. Die Unterwasserlandschaft ist somit eine gute Mischung aus Tropen und Mittelmeer.

Beliebte Tauchplätze sind das *5-Sterne-Riff*, wo es viele Rochen zu sehen gibt, das *Aquarium* und der *Leuchtturm*. Der Felsen *Gorila* ist für die hier lebenden Seepferdchen bekannt, *El Puertito* für seine Schildkröten. Per Boot werden auch verschiedene Wracks angefahren. Wenn das Wetter mitspielt, werden manchmal Bootstouren zu den vor der Küste lebenden Pilotwalen angeboten, ein Highlight für alle Taucher.

Rechte Seite: Rundkopfwal, auch als Pilotwal bekannt

Unten links: Muräne mit Putzergarnele

Unten rechts: Farbenprächtige Anemone

🟢 12 FAKTEN

- ❖ **Tiefe:** 5–40 m
- ❖ **Sichtweite:** 10–30 m
- ❖ **Wassertemperatur:** 18–24 °C
- ❖ **Beste Jahreszeit:** März–Nov.
- ❖ **Schwierigkeit:** ■–■■■
- ❖ **Artenreichtum Korallen:** ■■
- ❖ **Artenreichtum Fische:** ■■■
- ❖ **Großfische:** ■■■
- ❖ **Wracks:** ■■
- ❖ **Höhlen:** ■■■
- ❖ **Steilwände:** ■■■
- ❖ **Schnorcheln:** ■■■

ATLANTIK: SÃO TOMÉ UND PRÍNCIPE

São Tomé

DAS ZWEITKLEINSTE AFRIKANISCHE LAND LIEGT ABSEITS DER TOURISTENWEGE IM GOLF VON GUINEA VOR GABUN. IN DEN NOCH RECHT UNERSCHLOSSENEN TAUCHGEBIETEN GIBT ES VIEL ZU ENTDECKEN!

São Tomé ist die größere der beiden Inseln des Staates São Tomé und Príncipe und grenzt mit seiner Südspitze an den Äquator. Die Kakaoinsel ist keine 50 Kilometer lang und Touristen verschlägt es nur selten hierher. So haben Taucher eine gute Möglichkeit, Plätze zu entdecken, die vor ihnen noch niemand gesehen hat.

Die Insel liegt 200 Kilometer vom Festland entfernt. Schützende Riffe gibt es keine und so sind die Wasserverhältnisse recht wild. Taucher müssen sich auf Wellen, Strömungen und Dünung einstellen.

Auf São Tomé selbst gibt es eine Tauchbasis in der gleichnamigen Hauptstadt. Eine weitere liegt auf der südlich gelegenen Insel Rolas, die nur drei Quadratkilometer groß ist und von rund 200 Menschen bewohnt wird. Auf der Hauptinsel ist die *Lagoa Azul* einer der bekanntesten Tauchplätze. Die „blaue Lagune" im Norden der Insel kann nur im freien Fall bis in 24 Meter Tiefe betaucht werden. Die Sichtweiten sind aufgrund des reichlich vorhandenen Planktons recht begrenzt, dafür gibt es jedoch ein großes Fischvorkommen, Korallen und Schwämme.

Südlich der Hauptstadt liegt die Ilheu Santana. In 30 Metern Tiefe schwärmen Regenbogenmakrelen um ein kleines Gorgonienriff, aus Spalten lugen Kraken und gelegentlich kann man Schildkröten entdecken, die jedoch etwas scheuer sind. Ein besonderer Tauchgang führt quer durch diese Insel: ein maximal 14 Meter tiefer Tunnel, in dem man nach oben immer auftauchen kann.

13 FAKTEN

- **Tiefe:** 10–40 m
- **Sichtweite:** 5–30 m
- **Wassertemperatur:** 26–30 °C
- **Beste Jahreszeit:** Juni–Feb.
- **Schwierigkeit:** ■■■
- **Artenreichtum Korallen:** ■■■■
- **Artenreichtum Fische:** ■■■■
- **Großfische:** ■■
- **Wracks:** ■
- **Höhlen:** ■■
- **Steilwände:** ■■
- **Schnorcheln:** ■

Richtige Straßen sucht man auf São Tomé lange, denn seit die portugiesischen Kolonialherren 1975 das Land verließen, verkommt die Infrastruktur mehr und mehr. Will man auf die Insel Rolas, sollte man bis zur Schiffsablegestelle mindestens drei Stunden Fahrt einplanen. Das an der südlichen Ecke der gepflegten Hotelinsel gelegene Hausriff heißt *Pedra do Hirondino* und ist nur per Boot zu erreichen.

Im Nahbereich können Lanzenseeigel, Sepien, Spinnenkrabben, kleine Gorgonien und Seepferdchen betrachtet werden. *Pedra do Braga* ist ein weiteres Felsenriff in 22 Metern Tiefe, wo sich unter Überhängen, in Spalten und an einem Torbogen mit Korallen Fischschulen tummeln. Unter einem anderen Überhang bewacht ein Heer von Soldatenfischen fotogene Gelbmaulmuränen.

Der vielleicht beste Platz heißt *Sete Pedras*. Wie der Name schon sagt, sind es sieben felsige Miniinseln, die im Osten von Rolas liegen. Hier gibt es Steilwände mit vielen Fischen, knallrote Riffhummer, fette Muränen, schöne Korallen, Schildkröten und Ammenhaie.

Linke Seite: Prächtiger Riffhummer

Oben: Filigrane Weißbandgarnelen

Mitte: Gelbmaulmuräne, bewacht von einem Schwarm Soldatenfische

Unten: Wunderschöne Zweifarbengorgonie

ATLANTIK UND NEBENMEERE | 35

ATLANTIK: SÜDAFRIKA

Kapstadt

SÜDAFRIKA IST BEI TAUCHERN BESONDERS FÜR DIE VIELEN HAIE BEKANNT. DOCH AM SÜDLICHEN ENDE DES SCHWARZEN KONTINENTES GIBT ES WEITAUS MEHR ZU SEHEN ALS NUR GROSSE FISCHE, ZUM BEISPIEL EINE DER GRÖSSTEN TIERWANDERUNGEN DER WELT.

Kapstadt

Tauchern werden in Südafrika zwei Dinge der Extraklasse geboten: die Begegnung mit dem „Great White" – dem Weißen Hai – und seinen kleineren Verwandten wie Sandtiger-, Tiger-, Kupfer-, Hammer- oder Katzenhaie, die zwischen Durban und Port Elisabeth leben, und der spektakuläre „Sardine Run". Mit viel Glück kann man im Mai um Port Elisabeth beobachten, wie sich bei einer der größten Tierwanderungen der Welt riesige Sardinenschwärme in sogenannten Baitballs formieren. In diese rotierenden Verteidigungsverbände schießen Delfine, Wale und Haie wild hinein, doch die meisten Kleinfische können überleben.

Kapstadt selbst wird zwar von den meisten Südafrikatouristen besucht, ist jedoch als Tauchgebiet eher unbekannt. Dabei treffen östlich vom Kap der Guten Hoffnung am Kap Agulhas der Atlantik und der Indische Ozean aufeinander. Hier, an der äußersten Südspitze Südafrikas, sorgen der kalte Benguela- und der warme Agulhasstrom für viel Leben unter Wasser, teilweise sogar für großen Aufruhr. Sind die Wellen nur einen Meter hoch, kann man von idealen Voraussetzungen fürs Tauchen und einer ruhigen See sprechen.

Am Kap teilt sich das Meer in zwei Tauchgebiete, die False Bay und die atlantische Seite. Wenn in Europa Winter herrscht, ist in Südafrika Sommer. In der False Bay kann man das ganze Jahr über gut tauchen, nur die Sichtweite ist im dortigen Sommer schlechter, im Winter kann sie bis zu 25 Metern betragen.

Die Gegend hält zudem einen traurigen Rekord: Über 2000 Wracks liegen in unmittelbarer Küstennähe. Nur einige davon können allerdings von Tauchern besucht werden. Außer den Wracks in der Smitwinkel-Bay, der „SAS Pietermaritzburg", der „Clan Stuart", der „Lusitania" und der „Good Hope", spielen die farbigen Riffe die größte Rolle. Felsblöcke sind mit verschiedenen Fächerkorallen, Schwämmen, Anemonen und Weichkorallen eingekleidet. Im oberen Bereich befinden sich Kelpwälder, zwischen denen viele bunte Seeigel und Seesterne umherwandern, dazu gibt es über 200 gelistete, verschiedene Nacktschnecken. Bedeutend schnellere Gesellen sind die Seelöwen, die oftmals neugierig zu den Tauchern kommen. Kleinere Haiarten dösen in Spalten und im Freiwasser ziehen riesige, wunderschöne Quallen ihre Bahnen.

Die kältere atlantische Seite ist während des dortigen Sommers am ruhigsten, das Tauchangebot ist ähnlich wie in der False Bay und selbst Delfinbegegnungen sind möglich. In Simonstown lebt eine Brillenpinguinkolonie und es lässt sich mit Seehunden schnorcheln.

Linke Seite: Am Wrack der „Good Hope", das üppig mit Gorgonien und Anemonen bewachsen ist

Oben: Riesenquallen fischen gerne im Trüben

Unten: Buntes Südafrika – auch unter Wasser

14 FAKTEN

- Tiefe: 5–42 m
- Sichtweite: 5–25 m
- Wassertemperatur: 10–21 °C
- Beste Jahreszeit: Mai–Feb.
- Schwierigkeit: ■■■
- Artenreichtum Korallen: ■■■
- Artenreichtum Fische: ■■■■
- Großfische: ■■■■
- Wracks: ■■■■
- Höhlen: ■
- Steilwände: ■■
- Schnorcheln: ■■

ATLANTIK UND NEBENMEERE | 37

ATLANTIK: SÜDAFRIKA

Gansbaai

EINE BEGEGNUNG MIT DEM WEISSEN HAI IST AM BESTEN VOR DER KÜSTE SÜDAFRIKAS BEI GANSBAAI MÖGLICH. HIER WIRD „CAGE DIVING" ANGEBOTEN – FÜR VIELE TAUCHER EIN TRAUM, FÜR ANDERE EIN ALBTRAUM.

Gansbaai gehört zur Provinz Westkap in Südafrika und liegt etwa 170 Kilometer südöstlich von Kapstadt. Bis vor einigen Jahren war es ein verschlafenes Fischerdorf, heute lebt es vom Hai-Tourismus. Viele Fischer haben seit langem Netze gegen Käfige getauscht, sie fangen keine Fische mehr, sondern befördern Taucher in Käfigen ins offene Meer, um ihnen eine Begegnung von Angesicht zu Angesicht mit dem Weißen Hai zu ermöglichen.

Neun Kilometer vor dem Festland befindet sich zwischen den Inseln Dyer Island und Geyser Rock die *Shark Alley*, ein etwa 100 Meter breiter Kanal. Hier kann man ganzjährig ein überaus großes Aufkommen an Weißen Haien beobachten, die dort jeweils sechs bis acht Wochen mit wechselnden Populationen Stammgäste sind. Die bis zu acht Meter langen Tiere ernähren sich ursprünglich von den auf Dyer Island lebenden Robben.

Die Haie werden mit Ködern angelockt, damit Tauchtouristen aus ihrem Käfig heraus die Fressmanöver beobachten können. Bilder, die die Weißen Haie als aggressive Fressmaschine zeigen, gingen um die Welt. Dieses Verhalten wurde durch die vielen Köder im Wasser provoziert, denn eigentlich sind die intelligenten Tiere Menschen gegenüber eher scheu. Viele Haischützer betrachten „Cage Diving" deshalb mit gemischten Gefühlen.

15 FAKTEN

- **Tiefe:** 1 m
- **Sichtweite:** 2–15 m
- **Wassertemperatur:** 13–20 °C
- **Beste Jahreszeit:** Mai–Okt.
- **Schwierigkeit:** ■
- **Artenreichtum Korallen:** –
- **Artenreichtum Fische:** –
- **Großfische:** ■■■■■
- **Wracks:** –
- **Höhlen:** –
- **Steilwände:** –
- **Schnorcheln:** verboten

Unten links: Eigentlich scheu – der Weiße Hai

Unten rechts: Blick auf das gefürchtete Gebiss eines Weißen Hais

NORDISCHE GEWÄSSER: SCHOTTLAND

Scapa Flow

AM ENDE DES ERSTEN WELTKRIEGES WURDE IN SCAPA FLOW EINE DEUTSCHE HOCHSEEFLOTTE VERSENKT. AUCH WENN VIELE WRACKS BEREITS GEHOBEN WURDEN, IST DER NATURHAFEN EIN PARADIES FÜR WRACKTAUCHER.

Die berühmten Orkney-Inseln sind besonders wegen ihrer zum Weltkulturerbe zählenden jungsteinzeitlichen Steinkreise und Grabanlagen bekannt. Sie liegen nördlich von Schottland und die Bucht Scapa Flow gilt bei Tauchern als eines der besten Wrackgebiete Europas.

Ende des Ersten Weltkrieges waren 74 Schiffe der Deutschen Hochseeflotte in Scapa Flow interniert. Flottenkommandant Ludwig von Reuters glaubte, dass die Friedensverhandlungen vom 21. Juni 1919 gescheitert seien, und gab deshalb den Befehl zur Selbstversenkung, damit die Schiffe nicht in britische Hände gelangten.

Die meisten Wracks wurden mittlerweile gehoben, heute ruhen nur noch sieben auf dem Meeresgrund. Die 155 Meter lange „SMS Cöln" ist bei Tauchern am beliebtesten, da sie auch von innen gut betaucht werden kann. Riesige Schlachtschiffe mit großen Bordkanonen und einer Länge von 177 Metern sind die „SMS Kronprinz Wilhelm", die „SMS Markgraf" und die „SMS König". Sie liegen in einer Tiefe zwischen 33 und 46 Metern, die Deckteile liegen jedoch leider kopfüber auf dem Meeresgrund. Auch in die „Karlsruhe" (150 m lang) und die „Brummer" (140 m lang) kann man teilweise hineintauchen.

Im Zweiten Weltkrieg gelang es der deutschen U 47, in den Naturhafen einzudringen und ein britisches Schiff zu versenken. Daraufhin versenkten die Briten absichtlich sogenannte Barrierewracks im Flachwasser, die heute für Taucher interessante Plätze darstellen.

Oben: Wrack der „SMS Cöln"

16 FAKTEN

- **Tiefe:** 10–63 m
- **Sichtweite:** 4–15 m
- **Wassertemperatur:** 8–14 °C
- **Beste Jahreszeit:** Mai–Aug.
- **Schwierigkeit:** ■■■–■■■■■
- **Artenreichtum Korallen:** ■
- **Artenreichtum Fische:** ■■
- **Großfische:** ■
- **Wracks:** ■■■■■
- **Höhlen:** –
- **Steilwände:** –
- **Schnorcheln:** –

NORDISCHE GEWÄSSER: GRÖNLAND

Sisimiut

BUNT, ARTENREICH, GLASKLAR, EISKALT, EXTREM – TAUCHEN UM DEN POLARKREIS AN GRÖNLANDS EISBERGEN IST DER KICK IN DER KÄLTE UND EINE KLASSE FÜR SICH. WER HIER ABTAUCHT, EGAL OB MENSCH ODER TIER, BRAUCHT EIN DICKES FELL.

Kalaallit Nunaat, wie Grönland in der Landessprache heißt, bedeutet übersetzt „das Land der Menschen". Der Name erscheint irreführend, denn die größte Insel der Welt mit einer Länge von 2650 Kilometern und einer Breite bis zu 1000 Kilometern ist die am dünnsten besiedelte Fläche Europas.

Im ganzen Land gibt es nur eine Tauchbasis, denn das Absteigen in die Fluten in diesem Eisschrank ist nichts für jedermann. Die Temperatur des Wassers kann unter null Grad Celsius betragen, die Zähne verbeißen sich dann im Mundstück, der Kolben der ersten Stufe des Atemreglers leistet Schwerstarbeit, der Luftverbrauch gleicht selbst bei Profitauchern dem eines Anfängers. Doch das Tauchen an und unter Eisbergen ist alle Qualen wert und gehört mit Sicherheit zum Beeindruckendsten, was Taucher erleben können.

Die Basis liegt an der Westküste in Sisimiut. Nicht weit vor der Stadt wartet ein Kelpwald mit vielen bunten Bewohnern auf Taucher: Riesige Sonnenseesterne, Seegurken, Seeigel und Nacktschnecken leben zusammen mit Fischen wie Seeskorpionen, Dorschen, Seewölfen und gespenstisch ausschauenden Krabben. Selbst Wracks wurden gefunden: die „Borgin", ein Dreimastschoner und ein portugiesisches Gefängnisschiff.

Tauchfahrten werden auch in die nördlich gelegene Disko-Bucht vor Ilulissat angeboten. Da Teile von höheren Eisbergen leicht abbrechen können, suchen verantwortungsbewusste Tauchguides aus

17 FAKTEN

- **Tiefe:** 1–40 m
- **Sichtweite:** 15–60 m
- **Wassertemperatur:** minus 1 °C–7 °C
- **Beste Jahreszeit:** Mai–Aug.
- **Schwierigkeit:** ■■■–■■■■■
- **Artenreichtum Korallen:** ■
- **Artenreichtum Fische:** ■■■■
- **Großfische:** ■■
- **Wracks:** ■■
- **Höhlen:** ■
- **Steilwände:** ■■■■
- **Schnorcheln:** ■

Sicherheitsgründen kleinere, meist rundere und flache Eisberge für den Abstieg aus. Die Sichtweiten im Sommer betragen bei etwa 7 Grad Celsius zwischen 10 und 15 Meter, jedes Grad weniger bringt etwa fünf Meter mehr an Transparenz. Im Winter steigt diese dann auf sagenhafte 50 bis 60 Meter.

Nur ein Achtel der Eisberge befindet sich über der Wasseroberfläche, der größte Teil liegt unter Wasser. Das Panorama an den treibenden, gefrorenen Kunstwerken ist unbeschreiblich und ein einmaliges Erlebnis. Es sind das Gewaltige, das Fremde, die Farben, das Licht und die Reflexionen, die die Szenerie verzaubern. Die Stille, die ansonsten unter den Wellen herrscht, fehlt. Es knistert und kracht, irgendwo löst sich immer wieder Eis und stürzt in die Fluten.

Linke Seite: Eisbergtauchen in Grönland – ein Erlebnis, für das man sich ein dickes Fell zulegen sollte

Oben: Leuchtender Sonnenseestern

Unten: Spektakuläre Perspektive auf eine Qualle

NORDISCHE GEWÄSSER: NORWEGEN
Ålesund

TAUCHEN IN NORWEGEN WIRD IMMER BELIEBTER, DENN VOR DER 80 000 KILOMETER LANGEN KÜSTE GIBT ES VIEL ZU ENTDECKEN. BESONDERS VOR ÅLESUND UND VOR DER INSEL RUNDE LIEGEN – IM WAHRSTEN SINNE DES WORTES – SCHÄTZE UNTER WASSER.

Zwischen den bekannten Tauchsportorten Kristiansand im Süden Norwegens und Narvik im Norden liegt Ålesund. Die Gegend befindet sich zwar auf der gleichen Höhe wie Island, hat jedoch ein mildes, feuchtes Klima und bedingt durch den Golfstrom relativ warmes Wasser. Wer längere und tiefere Tauchabenteuer plant, sollte jedoch besser im Trockenanzug tauchen.

Ålesund

Vor der schmucken Jugendstilstadt wurden fünf Wracks versenkt. Das attraktivste ist die „Konsul Karl Fisser", ein deutsches Versorgungsschiff, das während des Zweiten Weltkrieges von britischen Bombern getroffen wurde und nun in 35 Metern Tiefe ruht. Der Tauchgang startet oftmals im strömungsreichen Freiwasser, deshalb muss zügig durch grünes Dämmerlicht bis in 22 Meter Tiefe abgetaucht werden, wo die ersten Decksaufbauten zu finden sind. Schwämme und Seenelken haben den 128 Meter langen rostenden Riesen schon lange besetzt, dazwischen wimmelt es nur so von Fischen, hauptsächlich Pollacks leben hier. Der 10 000-Tonnen-Frachter, der gut erhalten senkrecht auf dem Meeresboden steht, braucht keinen Vergleich mit tropischen Wracks zu scheuen.

Wunderschön bewachsene Steilwände bieten sich ebenso an wie spannende Strömungstauchgänge. Riesige Fischschwärme sind vertreten, Quallen treiben vorbei und am Meeresboden verstecken sich Krebse und Plattfische wie Schollen und Flundern. Am farbigsten präsentieren sich die Lippfische.

Ein taucherisches Highlight ist die vorgelagerte Insel Runde, ein bekanntes Vogelparadies. Eindrucksvoll ist der bis zu vier Meter hohe Unterwasserdschungel aus Laminarien, in dem sich die hiesige maritime Welt versammelt. Auch Nordeuropas größten Unterwasserschatz findet man hier: Von den 14 Kisten Gold- und Silbermünzen der 1725 gesunkenen „Akerendam" wurde bis heute nicht einmal die Hälfte gefunden. Dafür haben Taucher bereits viele Kanonen des Schiffes entdeckt. Herrliche Tauchgänge erlebt man bei der *Blauen Lagune, Gardbaen* und *The Cave*, einer Höhle unter einem Vogelfelsen.

Nicht verpassen sollte man das Tal Norangsdalen im Landesinnern, wo in einem See die Ruinen eines Dorfes mit Straßen und Steingärten zu finden sind. Ein Hochgenuss ist auch der smaragdfarbene See bei Grotli in der Nähe des Geirangerfjords, in dem man selbst im Sommer zwischen treibenden kleinen Eisbergen tauchen kann, die von einem Gletscher abgebrochen sind.

Linke Seite: Ein ganz besonderes Erlebnis – Tauchen unter dem Eis im nahen See bei Grotli

Oben: Farbenfroher Lippfisch

Unten: Taucher im Kelpwald

18 FAKTEN

- **Tiefe:** 5–45 m
- **Sichtweite:** 10–30 m
- **Wassertemperatur:** 8–18 °C
- **Beste Jahreszeit:** Mai–Aug.
- **Schwierigkeit:** ■—■■■■
- **Artenreichtum Korallen:** ■■■
- **Artenreichtum Fische:** ■■■
- **Großfische:** ■■
- **Wracks:** ■■■
- **Höhlen:** ■■
- **Steilwände:** ■■■■
- **Schnorcheln:** ■

ATLANTIK UND NEBENMEERE | 43

NORDISCHE GEWÄSSER: ENGLAND

Lundy

DIE GRANITFELSENINSEL AM EINGANG ZUM BRISTOLKANAL IST JEDEM WETTER UNGESCHÜTZT AUSGESETZT. IN DEM MEERESSCHUTZGEBIET RUND UM LUNDY WARTEN WRACKS, SEEHUNDE UND RIESENHAIE AUF TAUCHER.

Lundy ist eine grüne Insel ohne Straßen und Autos, die bekannt ist für ihr Bier, ihre eigenen Briefmarken und ihre Burg. Bewohnt wird sie von etwa 30 Seelen und wer als Tourist hier übernachten will, muss sich rechtzeitig um eine der wenigen Unterkünfte bemühen. Taucher kommen mit Basen aus dem östlich gelegenen Ifracombe in der Grafschaft Devon auf die Insel.

Die Tauchsaison auf Lundy ist kurz, aber spektakulär. Dies ist bedingt durch den Wind, die Wellen und die Strömungen, die das Felseneiland umspülen. Die nur fünf Kilometer lange und 500 Meter breite Granitinsel liegt auf einer Schifffahrtslinie und die ältesten aufgezeichneten Schiffsunglücke gehen bis ins Jahr 1793 zurück. Neben dem häufig brodelnden Atlantik trug auch der dichte Nebel seinen Teil zum oft unglücklichen Ausgang einer Schifffahrt an den steilen Klippen und Untiefen bei. Über 200 Wracks sind bis heute registriert, doch nur etwa ein Dutzend sind einigermaßen erhalten, dem Rest setzten der Zahn der Zeit und die raue See so zu, dass nur noch wenige Überreste zu finden sind. Das bekannteste Wrack ist das britische Schlachtschiff „HMS Montagu" (7–12 m tief), das am 29. Mai 1906 vor der Südspitze der Insel auf Grund lief.

Lundy gilt in England als taucherisches Kronjuwel. Die Gewässer um die Insel wurden 1986 zum ersten „Marine Nature Reserve" von England erklärt. Seitdem ist das Gebiet geschützt und es gilt ein Fangverbot, so dass die Fischbestände jährlich besser werden.

Lundy

Die Unterwasserwelt um Lundy ist nicht nur bei englischen Tauchern bekannt, denn sie hat viel zu bieten: Am *Gannet's Rock* (15 m tief) kann man den akrobatischen Meisterleistungen der neugierigen Seehunde zuschauen, am *Gull Rock* tummeln sich farbenfrohe Cuckoo-Lippfische und Katzenhaieier haben sich an Gorgonien festgekrallt. An Felsen leben Anemonen, Hummer und Seespinnen, es grasen Nacktschnecken und Plattwürmer.

Die zwei Unterwasserberge *Knoll Pins* sind mit pinkfarbenen und gelben Juwelenanemonen geschmückt, drum herum schwimmen Aale, Dorsche und Pollacks. Das durch Strömungen begünstigte warme Wasser erlaubt, dass sich eher mediterrane oder gar tropisch verwandte Tiere niederlassen können. Nirgendwo sonst in England findet man fünf verschiedene Arten von Korallen. Das Plankton zieht im Sommer die zahnlosen Riesenhaie an. Diese zweitgrößten Fische der Welt sind jedes Jahr wiederkehrende Besucher und eine echte Attraktion.

Linke Seite: Gemeinsames Spiel eines Seehundes mit einem Taucher

Oben: Neugieriger Seehund im Kelpwald

Mitte: Juwelenanemonen am Tauchplatz Knoll Pins

Unten: Größenwahn – ein kleiner Seestern will einen großen fressen

19 FAKTEN

- **Tiefe:** 5–35 m
- **Sichtweite:** 3–15 m
- **Wassertemperatur:** 10–19 °C
- **Beste Jahreszeit:** Mai–Sep.
- **Schwierigkeit:** ■■■–■■■■■
- **Artenreichtum Korallen:** ■■
- **Artenreichtum Fische:** ■■■
- **Großfische:** ■■■■
- **Wracks:** ■■■
- **Höhlen:** ■■
- **Steilwände:** ■■■
- **Schnorcheln:** ■

NORDISCHE GEWÄSSER: FINNLAND
Åland

DAS WASSER IST MEIST TRÜB, FLORA UND FAUNA HABEN NICHT VIEL ZU BIETEN UND ES IST KALT IN ÅLAND. DENNOCH IST DIE AUTONOME PROVINZ BEI TAUCHERN SEHR BELIEBT – EUROPAS „TRUK LAGOON" HÄLT DEN TRAURIGEN REKORD AN SCHIFFSUNGLÜCKEN UND IST EIN PARADIES FÜR WRACKTAUCHER.

Wir schreiben das Jahr 1918: Der Eisbrecher und Minensucher der deutschen Kaiserlichen Kriegsmarine, die „Hindenburg", trifft auf eine Mine und sinkt. Das 51 Meter lange Schiff im Westen von Åland ist eines der schönsten Wracks (42 m tief) der Gegend und wurde offiziell als Kriegsmonument eingestuft.

Fünfzehn Jahre später: Die 71 Meter lange Dreimaster-Eisenbark „Plus" kommt von London, der Kapitän trifft im dichten Nebel eine katastrophale Entscheidung und lässt ohne Lotsen Richtung Hafen Mariehamn weiterfahren, der Segler sinkt in der Nähe der Schifflotsenstation Kobba Klintar.

Unzählige ähnlicher Geschichten haben sich rund um die Inseln in der Baltischen See bereits abgespielt. Das Inselreich liegt mitten zwischen Helsinki und Stockholm, völkerrechtlich gehört es zu Finnland, sprachlich und kulturell jedoch zu Schweden. So war es strategisch zu allen Zeiten von größter Bedeutung und gilt bis heute im Hinblick auf das Navigieren als eines der schwierigsten Gebiete der Welt.

Das „Wasser-Land" zählt über 6500 Inseln mit Namen, dazu kommen ebenso viele namenlose Mini-Eilande. Rund um den landschaftlich reizvollen Archipel ruhen über 600 Wracks, von denen 100 bis heute identifiziert sind und über 30 betaucht werden können. Sie gehören zu den besterhaltenen Wracks

20 FAKTEN

- ❖ **Tiefe:** 5–70 m
- ❖ **Sichtweite:** 2–20 m
- ❖ **Wassertemperatur:** 3–19 °C
- ❖ **Beste Jahreszeit:** Juni–Aug.
- ❖ **Schwierigkeit:** ■■■–■■■■■
- ❖ **Artenreichtum Korallen:** –
- ❖ **Artenreichtum Fische:** ■
- ❖ **Großfische:** –
- ❖ **Wracks:** ■■■■■
- ❖ **Höhlen:** –
- ❖ **Steilwände:** –
- ❖ **Schnorcheln:** –

Europas, selbst die Holzschiffe. Dies liegt an der Kälte, dem geringen Salzgehalt der Baltischen See und entsprechend strengen Gesetzen zum Erhalt der Wracks. Zudem werden jährlich weitere gesunkene Schiffe entdeckt. Die „Rotterdam", ein Holzkahn mit einer Länge von 35 Metern aus dem 19. Jahrhundert, wurde im Herbst 2007 in 34 Metern Tiefe gefunden.

Die einzige Tauchbasis befindet sich in Mariehamn auf der Hauptinsel Åland. Das dazugehörige Hauswrack ist die „Plus", die in einer Tiefe zwischen 17 und 32 Metern liegt. Weitere von hier erreichbare Wracks sind der 1884 gesunkene, 64 Meter lange Frachter „Hesperus" (11–42 m tief), das 60 Meter lange Dampfschiff „L'Esperance" (11–35 m tief), welches 1901 auf den Grund sank, und das Dampfschiff „Helge" von 1915. Zwei Jahre später kam der russische Zerstörer „Burakov" hinzu, 1928 das 45 Meter lange Segelschiff „Balder" (65 m tief) und 1975 das schwedische Staatsschiff „Gävle" (45–54 m tief).

Rund um Åland kommt jeder auf seine Kosten, ob Sporttaucher oder Tecktaucher. Wrackspezialisten reisen aus der ganzen Welt zum besten Schiffsfriedhof des europäischen Nordens.

Linke Seite: Taucher erforschen den Mast der „Gävle"

Oben: Die letzte Stunde hat geschlagen – Uhr des Eisbrechers „Hindenburg"

Unten: Steuerrad unter den Trümmern der „Rotterdam"

ATLANTIK UND NEBENMEERE | 47

Die 2240 Kilometer lange und etwa 360 Kilometer breite Meerenge zwischen Nordostafrika und der Arabischen Halbinsel zieht Tauchtouristen an wie ein Magnet. Kein Wunder, denn die biologische Vielfalt ist immens, die vielen Riffe sind ein Zauberreich an Farben und Formen und als strategisch wichtiges Meer hat es tolle Wracks zu bieten. Das Rote Meer gehört zu den weltbesten Tauchrevieren.

ROTES MEER

ROTES MEER: SAUDI-ARABIEN

Saudi-Arabien

DAS KÖNIGREICH SAUDI-ARABIEN VERFÜGT MIT MEHR ALS 1800 KILOMETERN KÜSTE ÜBER DEN LÄNGSTEN ABSCHNITT ALLER ANRAINER DES ROTEN MEERES. HIER GIBT ES EINIGE UNENTDECKTE PLÄTZE, DIE JEDES TAUCHERHERZ HÖHER SCHLAGEN LASSEN.

Saudi-Arabien

Im Roten Meer liegen die schönsten Tauchplätze der Welt, dies steht fest. Von den Riffen vor Saudi-Arabien konnten Taucher jedoch lange Zeit nur träumen, da das Land für den Tourismus geschlossen war. Seit einiger Zeit öffnet sich nun das Königreich. Pro Jahr kommen etwa 1200 Taucher hierher, mehr Kapazitäten gibt es momentan nicht.

Während sich auf der anderen Seite des Roten Meeres die Schiffe um die besten Riffe drängen und man selten alleine ist, herrscht an den hiesigen Küsten eine traumhafte Ruhe. Eine Tagestour kann von Jeddah aus unternommen werden, oder vom neuen und bisher einzigen Tauchresort des Landes in Al Lith, welches im Januar 2009 von einem tauchsportbegeisterten Prinzen eröffnet wurde.

Komfortabler und effektiver ist eine längere Tour mit einem Kreuzfahrtschiff. Vor der Küste operieren zwei schwimmende Tauchresorts, sogenannte Liveaboards, die ebenfalls dem Prinzen gehören. Das eine bietet von Jeddah aus längere Touren Richtung Norden an, auf denen die Wracks rund um Yanbu betaucht werden können. In diesem Gebiet liegen etwa zwei Dutzend bekannte Schiffe, hinzu kommt eine Menge unbekannter. Die Südtour wird seit 2004 angeboten, diese startet in Al Lith und hat die *Farasan Banks* und noch südlichere Plätze zum Ziel.

Während die Riffsysteme der nördlichen Farasanen schon relatives Neuland sind, verspricht der südlichere Part noch richtige Expeditionstauchgänge. Ein Riff zu betauchen, wo noch niemand gewesen ist,

21 FAKTEN

- **Tiefe:** 3–55 m
- **Sichtweite:** 15–40 m
- **Wassertemperatur:** 25–32 °C
- **Beste Jahreszeit:** März–Nov.
- **Schwierigkeit:** ■-■■■
- **Artenreichtum Korallen:** ■■■■
- **Artenreichtum Fische:** ■■■■
- **Großfische:** ■■■
- **Wracks:** ■■■■
- **Höhlen:** ■■■
- **Steilwände:** ■■■■■
- **Schnorcheln:** ■■■■

kann hier in Erfüllung gehen. Doch leider muss festgestellt werden, dass auch im „aqua incognita" illegale Fischer ihr Unwesen getrieben und den Fischbestand bereits dezimiert haben.

Um viele der namenlosen Inseln und Riffe herum geht es topografisch gesehen steil bergab. Unterbrochen von Plateaus und mit einem idealen Tauchprofil sind sie mit dem Feinsten bewachsen, was das Rote Meer zu bieten hat. Im Jahre 2006 wurden die „hängenden Gärten" entdeckt: Von Schwarzen Korallen hängen wie Lametta Koloniale Seescheiden in allen Farben herunter, eine erst 2006 entdeckte Spezies. Daneben wachsen Weichkorallen, an den Wänden herrscht reges Fischleben. Um *Shib Mubarak*, einen exponierten Platz mitten im Meer, ziehen selbst größere Fische wie Mantas, Delfine, Büffelkopfpapageifische, Barrakudas oder Haie ihre Bahnen.

Linke Seite: Hängende Gärten – Koloniale Seescheiden in verschiedenen Farben

Oben: Schimmernder Büffelkopfpapageifisch

Unten: Spielende Weißspitzenjunghaie

ROTES MEER: SUDAN

Sudan

TAUCHEN IM SUDAN IST EIN TRAUM, DER NICHT GANZ EINFACH ZU REALISIEREN IST. WEITAB VON TOURISTISCHER INFRASTRUKTUR ERLEBT MAN FAST UNBERÜHRTE RIFFE, OBWOHL DIESE SCHON SEIT JAHRZEHNTEN ZU DEN BESTEN DER WELT ZÄHLEN.

Der Sudan steht ganz oben auf dem Wunschzettel vieler Vollbluttaucher – und dies trotz seiner Abgeschiedenheit, der oftmals unruhigen politischen Lage und dem nötigen Verzicht auf Luxus. Aus diesen Gründen ist das Land an der westlichen Seite des Roten Meeres bis heute nicht überlaufen und liegt abseits des Unterwasserrummels.

Es gibt nur eine Handvoll Safariboote im Revier, sodass sich die wenigen Taucher noch berechtigte Hoffnungen auf Großfische an intakten Riffen machen können. Egal, ob man mit einem Kreuzfahrtschiff von Ägypten in das Land reist oder per Flugzeug, beides ist ein kleines Abenteuer für sich.

Das Land steckt noch immer in den „Kinderflossen", trotz staatlicher Auflagen und früher Meilensteine: Hans Hass beschrieb bereits 1952 in seinem Buch „Manta-Teufel im Roten Meer" die Riffe vor Port Sudan und Jacques-Yves Cousteau versuchte 1963 mit dem Projekt „Precontinent II" das Leben von Menschen unter Wasser zu erkunden. Zwei Aquanauten wohnten eine Woche lang in einem Habitat bei Sha'ab Rumi unter dem Meeresspiegel. Noch heute kann man in einer Tiefe von 10 bis 27 Metern in der von Korallen und Schwämmen überwucherten Unterwassersiedlung tauchen. Leider nagt der Zahn der Zeit gewaltig an ihr.

Vor Port Sudan liegt das Wingate-Riff, an dem eines der bekanntesten und schönsten Wracks der Welt liegt. Der mit Kriegsmaterial voll beladene Frachter „Umbria" wurde im Jahre 1940 von seiner italienischen Besatzung selbst versenkt, damit die hochbrisante Fracht nicht in britische Hände fiel.

Legendär ist das Sanganeb-Riff, an dessen Nordspitze riesige Fischschwärme kreisen. Um das Südwestplateau sind noch heute Haie präsent, allerdings nicht mehr so viele wie vor einiger Zeit. Besser sieht man diese eleganten Jäger, speziell Hammerhaie, im Norden am Angarosh-Riff, was übersetzt „Mutter der Haie" bedeutet.

Im Jahr 1977 ist am *Sha'ab Su'adi* das Cargoschiff „Blue Belt" gesunken, die damals geladenen Toyotas können heute noch von Tauchern besichtigt werden. Weitere tolle Riffe heißen Abington, Merlo, Protector und Elba. Vor dem letztgenannten kann das Wrack des 1923 gesunkenen Frachters „Levanzo" betaucht werden.

Linke Seite: Das ehemalige Unterwasserhaus des „Precontinent II"-Projektes von Cousteau

Oben: Feuerschwämme am Wrack der Umbria

Unten: Prächtiger Pfauenkaiserfisch

22 FAKTEN

❖ **Tiefe:** 2–50 m

❖ **Sichtweite:** 20–50 m

❖ **Wassertemperatur:** 24–31 °C

❖ **Beste Jahreszeit:** Nov.–März

❖ **Schwierigkeit:** ■■■

❖ **Artenreichtum Korallen:** ■■■■

❖ **Artenreichtum Fische:** ■■■■

❖ **Großfische:** ■■■■

❖ **Wracks:** ■■■■

❖ **Höhlen:** ■■

❖ **Steilwände:** ■■■■■

❖ **Schnorcheln:** ■■■■

ROTES MEER | 53

ROTES MEER: ÄGYPTEN

Tiefer Süden

SEIT ENDE DER 1970ER-JAHRE IST GANZ ÄGYPTEN BESONDERS BEI EUROPÄISCHEN TAUCHERN SEHR BELIEBT. IM SÜDEN WARTEN DIE FURY-SHOALS UND DIE ST.-JOHNS-RIFFE MIT ALLERLEI SEHENSWERTEM.

Ägypten – Tiefer Süden

Der Ursprung des Tauchsports in Ägypten liegt im Norden des Landes, wo heutzutage ganze Massen an Tauchern ihren Urlaub verbringen. Je weiter man sich Richtung Süden bewegt, desto weniger Taucher trifft man. Doch davon sollte man nicht auf die Qualität der südlichen Tauchplätze schließen.

Unterhalb von Ras Banas beginnt das Revier der Kreuzfahrtschiffe. Noble Liveaboards gehören hier auch für Taucher zum Standard und sind die beste Art, die faszinierende Welt unter den Wellen zu erleben. Die meisten Touren starten im Hafen von Ras Ghalib oder von Marsa Alam. Zu den beliebtesten Zielen im tiefen Süden gehören die recht großen Gebiete Fury Shoals nördlich von Ras Banas und die St.-Johns-Riffe nahe der sudanesischen Grenze.

Auch die kleineren Gebiete Zabargad und Rocky Island, welche erst Anfang der 1990er-Jahre von der Regierung zum Tauchen freigegeben wurden, sind eine Reise wert – sie liegen in einem Wasserschutzpark. Grundsätzlich werden ganzjährig Südtouren angeboten, doch die beste Zeit ist von Mai bis September, wenn das Rote Meer am ruhigsten ist.

Die Fury Shoals sind sehr vielseitig. Die Untiefen zeigen sich von ihrer besten Seite am *Sha'ab Claudia*. Im Westen des Riffs befinden sich ein Korallenlabyrinth mit Gängen, Tunnel und Höhlen sowie ein intakter Hartkorallengarten. Am *Dolphin Reef* bei Sataya kann man in einer Rifflagune ab nachmittags mit Delfinen schnorcheln, die dort später ihre Nachtruhe suchen. Am geschützten Südende von *Sha'ab*

Mansour ragen zwei schön bewachsene Korallenblöcke bis zwölf Meter unter die Oberfläche, dazwischen kreisen Schnapper, etwas tiefer jagen Barrakudas und Makrelen.

Das zweite große Tauchgebiet sind die St.-Johns-Riffe, hier könnte man problemlos eine ganze Woche verbringen, ohne dass Langeweile aufkäme. *Habili Ali* ist ein dicht bewachsener, mächtiger Korallenblock, an dem häufig Hammer- und Silberspitzenhaie sowie Graue Riffhaie anzutreffen sind. *Small Habili* ist ein Turm aus Korallen mit vielen Schwarmfischen, der bis vier Meter unter die Oberfläche reicht und während eines Tauchgangs mehrmals umrundet werden kann. Das südlichste Riff ragt bis kurz unter die Wasseroberfläche und wird deshalb von den Kapitänen des Roten Meeres *Dangerous Reef* genannt, obwohl Schiffe darin geschützt liegen können. Verschiedene Korallentürme voller Leben strecken sich vom 24 Meter tiefen Sandboden empor.

Nordöstlich von der St.-Johns-Gruppe findet man vor der Vulkaninsel Zabargad vielfältige Spots: Steilwände auf der Südostseite, Korallengärten und stimmungsvolle Canyons. Wild zerklüftet und von einem Saumriff umgeben zeigt sich das kleine Rocky Island. Bei guter Strömung trifft man an dem Drop-Off Haie, Barrakudas, Mantas, Thunfische und Makrelen.

Oben: Weichkorallen bei Rocky Island

Links: Im Grottensystem von St. Johns

23 FAKTEN

- **Tiefe:** 5–40 m
- **Sichtweite:** 15–40 m
- **Wassertemperatur:** 22–31 °C
- **Beste Jahreszeit:** Mai–Sept.
- **Schwierigkeit:** ■□□□
- **Artenreichtum Korallen:** ■■■■
- **Artenreichtum Fische:** ■■■■
- **Großfische:** ■■■■
- **Wracks:** ■■
- **Höhlen:** ■■■■
- **Steilwände:** ■■■■■
- **Schnorcheln:** ■■■■

ROTES MEER: ÄGYPTEN
Goldene Mitte

IM MITTLEREN TEIL ÄGYPTENS GIBT ES UNTER WASSER EINIGES ZU SEHEN: HAIE, DELFINE – UND VIELE ANDERE TAUCHER. SEITDEM MARSA ALAM ÜBER EINEN KLEINEN INTERNATIONALEN FLUGPLATZ VERFÜGT, KOMMEN IMMER MEHR TOURISTEN.

Ägypten – Goldene Mitte

Rechte Seite oben: Delfinschule im Roten Meer
Rechte Seite unten: Hammerhaischule am Daedalus-Riff
Unten links: Imposante Schildkröte
Unten rechts: Dugong in der Bucht von Abu Dabab

Ein letzter Blick auf die Instrumente, dann geht es hinunter ins tiefe Blau: Schnell auf die Maximaltiefe von 40 Metern, dann austarieren, umschauen und warten. Warten auf die Hammerhaie, die am Nordende des *Daedalus-Riffes* ihre Bahnen ziehen. Die Nullzeit geht schnell dem Ende zu, das Warten wird zur Qual. Auf einmal wildes Gestikulieren eines Tauchers, er hat sie entdeckt: Elegant und langsam zieht das Rudel vorbei, und schon sind sie wieder außer Sichtweite. Es geht wieder nach oben, im Freiwasser wird mit einem längeren Sicherheitsstopp ausgetaucht, das Riff in der Strömung zu finden, ist unmöglich. Dann kommt das Beiboot und bringt die Taucher wieder an Bord. Alle sind sich einig: Dieser kurze Moment der Spitzenklasse war den Aufwand wert.

Bis 1999 war diese exponierte Insel mitten im Roten Meer militärisches Sperrgebiet, heute wird sie von den Reiseveranstaltern als „Hai-Light" angepriesen. Neben Hammerhaien trifft man an der Südspitze auch schnelle Fuchshaie. Taucher sollten hier immer die Augen offen halten, denn jeden Augenblick kann es zu spektakulären Begegnungen kommen. So auch am *Elphinstone-Riff*, das näher an der Küste liegt. Verfehlen kann es niemand, da der Platz immer von Tauchschiffen belagert ist. Doch davon sollte man sich nicht abschrecken lassen, denn die hiesige Unterwasserwelt ist sehr attraktiv. Um größeren Fischen, zum Beispiel dem Hochseehai Longimanus, zu begegnen, empfiehlt sich das Nordplateau. Ausgetaucht wird mit der Strömung an der östlichen oder westlichen Steilwand mit herrlichem Korallenbewuchs.

Auch Tauchgänge rund um Marsa Alam sind äußerst lohnenswert. Das ehemalige Fischerdorf galt jahrelang als Geheimtipp, die Tauchplätze wurden erst Anfang der 1990er-Jahre freigegeben. Als 2001 der Flughafen eröffnet wurde, folgte ein Run, und eine Hotelanlage nach der anderen kam hinzu.

Eine Attraktion, die zum Tauchboom beigetragen hat, ist *Sha'ab Samadai*. In der Lagune paaren sich Delfine und ziehen ihre Jungen groß. Die Regierung musste dem Ansturm der Taucher Einhalt gebieten und hat Schutzzonen eingerichtet. Heute gibt es eine komplett abgeriegelte Ruhezone für die Tiere, der Einlass für Taucher ist streng limitiert. Auch in *Abu Dabab* wurden Schutzmaßnahmen eingeführt. Zu den Seekühen, den sogenannten Dugongs, und zu den Schildkröten dürfen Taucher nur noch von Land aus.

Die Gegend hat auch für Nichttaucher viel zu bieten: Wadi Miya mit seinen Tempeln, Felszeichnungen aus vorgeschichtlichen Zeiten oder den südlich gelegenen Nationalpark Wadi El Jimal.

24 FAKTEN

- **Tiefe:** 5–60 m
- **Sichtweite:** 15–40 m
- **Wassertemperatur:** 22–31 °C
- **Beste Jahreszeit:** April–Okt.
- **Schwierigkeit:** ■–■■■■
- **Artenreichtum Korallen:** ■■■■■
- **Artenreichtum Fische:** ■■■■
- **Großfische:** ■■■■
- **Wracks:** ■■
- **Höhlen:** ■■
- **Steilwände:** ■■■■■
- **Schnorcheln:** ■■■■■

ROTES MEER: ÄGYPTEN

Brother Islands

DIE BEIDEN KARGEN FELSINSELN ZÄHLEN ZU DEN BELIEBTESTEN TAUCHZIELEN DER WELT. SIE LIEGEN IN EINEM GESCHÜTZTEN MARINEPARK MITTEN IM OFFENEN MEER, SO SIND DIE BEDINGUNGEN NICHT DIE LEICHTESTEN.

Auf der Schifffahrtsstraße, die vom Roten Meer in den Suezkanal führt, stehen sie ganz einsam, die Brother Islands. Sie sind Überreste zweier Vulkankrater und somit Oasen, die nicht nur Taucher anziehen. Die zwei flachen Inseln, die auf Arabisch „El Akhawein" heißen, liegen ca. 1500 Meter auseinander und sind, bis auf die Leuchtturmwärter, unbewohnt. Mehrtägige Tauchkreuzfahrten werden meist von Hurghada aus angeboten, mitunter können diese etwas unangenehm sein, denn Wind und Wellen gehören zur Tagesordnung.

Den richtigen Zeitpunkt zu erwischen, ist ein wenig Glücksache. Von Juni bis August sind die Winde schwächer und die Chancen auf einigermaßen passable Verhältnisse am besten. Jedoch sollte man die Hitze über Wasser nicht unterschätzen, selbst die Wassertemperaturen steigen dann bis zu 30 Grad Celsius, sodass Großfische in kühlere Tiefenregionen abtauchen.

Der „große Bruder" ist die nördlichere Insel, auf der ein Leuchtturm steht, der 1880 von den Briten erbaut wurde und noch in Betrieb ist. Die Insel ist etwa 400 Meter lang und 40 Meter breit, Unterwasser-Highlights sind die Wracks „Numida" (10–90 m tief) und „Aida II" (30–60 m tief) im windigen Nordwesten. Sie sind blühende Gärten, bei denen man teilweise nicht weiß, wo das Wrack aufhört und das Riff beginnt.

Man driftet von Nord nach Süd, teils in heftiger Strömung, vorbei an steil abfallenden Felswänden mit einer unglaublichen Korallendiversität und Fischvielfalt. Pelagische Einzelgänger und Gruppendynamiker

patrouillieren in der Strömung, riesige Napoleonfische kommen nahe heran. An der von Wind und Wellen besser geschützten Südseite, wo das Safarischiff ankert, taucht man langsam wieder auf. Das südliche, etwa 35 Meter tiefe Plateau ist nicht so spektakulär wie die nördliche Seite. Ab und zu kann man Fuchshaie beobachten, die sich von kleinen Fischen säubern lassen.

Die kleinere Insel ist über dem Wasserspiegel landschaftlich ebenso karg wie die andere, unter Wasser jedoch mindestens genauso beeindruckend. Speziell an der Ostwand findet sich alles, was das Rote Meer zu bieten hat, auf einmal.

1998 wurde das Gebiet zum Marinepark erklärt. Leider sind die beiden Inseln nicht nur ein Traum, sondern manchmal auch ein Albtraum. Tauchunfälle, meist bedingt durch die starken Strömungen, sorgen immer wieder für negative Schlagzeilen.

Linke Seite: Ein dicker Napoleon vor Little Brother Island

Oben: Traumhaft bewachsenes Wrack – die „Numidia" vor Big Brother Island

Unten: Steilwandtauchen vom Feinsten rund um Little Brother Island

25 FAKTEN

- **Tiefe:** 5–80 m
- **Sichtweite:** 20–40 m
- **Wassertemperatur:** 20–30 °C
- **Beste Jahreszeit:** Mai–Sept.
- **Schwierigkeit:** ■■■–■■■■■
- **Artenreichtum Korallen:** ■■■■■
- **Artenreichtum Fische:** ■■■■■
- **Großfische:** ■■■■■
- **Wracks:** ■■■■
- **Höhlen:** ■■
- **Steilwände:** ■■■■■
- **Schnorcheln:** ■■■■

ROTES MEER: ÄGYPTEN

Abu Nuhas & Sha'ab Ali

RUND UM DIE BEIDEN KORALLENRIFFE AM EINGANG ZUM GOLF VON SUEZ GAB ES SCHON EINIGE SCHIFFSUNGLÜCKE. HEUTE IST DIE GEGEND FÜR IHRE WRACKS BEKANNT, DIE „THISTLEGORM" IST DAS WOHL POPULÄRSTE WRACK IM ROTEN MEER.

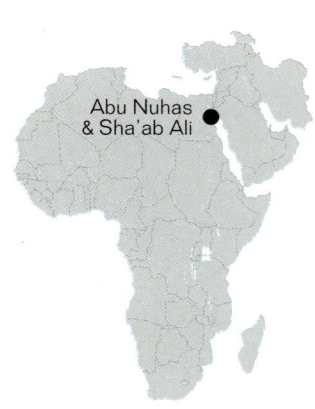

Abu Nuhas & Sha'ab Ali

Im nördlichen Teil des Roten Meeres ragen viele Riffe bis knapp unter die Oberfläche. Bei glatter See, niedrig stehender Sonne oder Dämmerung sind sie von oben kaum zu erkennen. Hinzu kommen häufig Wind und Wellen und solange es noch keine modernen Navigationsmittel gab, kam es immer wieder zu Kollisionen. Seitdem 1869 der Suezkanal, die wichtigste Verbindung zwischen Asien und Europa, für die Schifffahrt freigegeben wurde, häuften sich die Unglücke. Heute ist die Straße von Gubal der größte Wrackfriedhof des Roten Meeres. Einige Wrackteile vor Abu Nuhas können heute nicht mehr zugeordnet werden, so weiß niemand, wie viele Schiffe genau hier liegen.

Bereits zwei Monate nach der Eröffnung des Kanals lief der Dampfsegler „Carnatic" auf das Riff und brach auseinander. Beladen war er mit Weinflaschen, Kupferbarren und Gold, doch bereits damals konnten Helmtaucher die wertvolle Ladung bergen. Das Schiff (max. 27 m tief) erfreut jedes Taucherauge, angefangen von der Schraube über die von Weichkorallen und Schwämmen bewachsenen Spanten bis zu den Stimmungen im Innern, wenn tanzende Sonnenstrahlen Teile des Wracks beleuchten.

Ganz im Westen befindet sich die „Giannis D" auf gleicher Tiefe. Der griechische Holzfrachter ist 1983 gesunken und zerbrochen. Das Heck liegt auf der Backbordseite und ist besonders gut erhalten; in die Aufbauten kann man hineintauchen – ein Genuss für Wrackliebhaber. Wer tief ins Innere eindringen will, muss unbedingt an die drei „L" denken: Luft, Leine, Licht.

26 FAKTEN

- **Tiefe:** 5–30 m
- **Sichtweite:** 15–40 m
- **Wassertemperatur:** 20–30 °C
- **Beste Jahreszeit:** April–Okt.
- **Schwierigkeit:** ■□□□
- **Artenreichtum Korallen:** ■■■
- **Artenreichtum Fische:** ■■■
- **Großfische:** ■■
- **Wracks:** ■■■■■
- **Höhlen:** –
- **Steilwände:** –
- **Schnorcheln:** ■■

Auf ihrem Weg nach Jeddah lief 1981 die mit Fliesen beladene, etwa 100 Meter lange „Chrisoula K." im Nordosten auf das Riff. In den vorderen Laderäumen entdeckt man noch die Fracht, weitaus besser in Schuss ist jedoch das Heckteil. Wie viele andere kann man auch dieses Wrack bereits von oben gut erkennen. Ein weiteres künstliches Riff ist die „Kimon M." im Osten in einer Tiefe zwischen 12 und 32 Metern.

Das beliebteste aller Wracks ruht seit 1941 senkrecht liegend vor dem nördlich gelegenen Sha'ab Ali: das englische Versorgungsschiff „Thistlegorm". Dieses Wrack hat bei Tauchern mittlerweile Kultstatus erreicht. Voll beladen mit Kriegsmaterial, Lastwagen und Motorrädern wurde sie von einer deutschen Heinkel attackiert und sank nach einer schweren Explosion. Noch heute ist ein Großteil der Ladung erhalten, doch leider führen wie bei vielen künstlichen Riffen auch hier der starke Tauchbetrieb und die Souvenirjäger zu Schäden. Beide Wracks werden von den Tauchbasen in Sharm-el-Sheikh und Hurghada angesteuert.

Linke Seite: Taucher vor dem Wrack der „Giannis D"

Oben: Schwämme und Korallen wachsen auf dem Wrack der „Carnatic"

Unten: Englisches Motorrad im Laderaum der „Thistlegorm"

ROTES MEER | 61

ROTES MEER: ÄGYPTEN

Südsinai

DER NATIONALPARK „RAS MOHAMMED" AN DER SÜDSPITZE DER SINAI-HALBINSEL IST DER INBEGRIFF SUPERLATIVEN TAUCHENS. HIER GIBT ES GLEICH MEHRERE TOPSPOTS UND BUNTE STEILWÄNDE, DIE IN UNENDLICHE TIEFEN FÜHREN.

Ras Mohammed als Tauchplatz zu bezeichnen, ist nicht ganz richtig, genau genommen liegen hier dicht an dicht mehrere Plätze versammelt. Die Gegend gilt als der Klassiker im Roten Meer und hat an Attraktivität kaum eingebüßt, obwohl hier schon hunderttausende Tauchgänge absolviert wurden. Alle, die im Tauchsport Rang und Namen haben – Pioniere, Wissenschaftler, Biologen, Filmer und Fotografen –, waren schon hier und ließen sich begeistern.

Das Besondere an allen Tauchplätzen, die zum Nationalpark gehören, sind die gigantischen und farbenfrohen Steilwände – vielleicht die schönsten des Roten Meeres. Sie scheinen ins Unendliche zu führen und werden gerne als „Abyss", als die „Eiger-Nordwand der Meere" oder als „das tiefe Loch" bezeichnet. An einigen Stellen fallen sie bis auf 750 Meter ab, eine Tiefe, die man spüren kann.

Am Ras Mohammed können bei einem Tauchgang gleich drei Tauchplätze bestaunt werden. In *Anemone City* springt man vom Schiff, taucht in 20 Metern mit der rechten Schulter die steile Wand entlang und hält den Kompasskurs 150 Grad über das tiefe Blau des Grabens. Am *Shark Reef* angekommen, teilt sich meist die Strömung. Das Riff muss weiterhin auf der rechten Seite liegen, ansonsten treibt es einen in den niederen Bereich. Am besten sind die Tiefen zwischen 20 und 30 Metern: Vor der Steilwand stehen Schnapperschwärme, Barrakudas ziehen hin und her, ab und zu entdeckt man Haie und als ständigen Bewohner kann man eine fotogene Fledermausfischschule beobachten. Wenn die Strömung nicht allzu heftig ist, kann man mit ruhigen Flossenschlägen sogar in diese Schwärme hineintauchen. Doch sollte man vor lauter Fischen nicht den Blick auf die Wand vergessen: Weichkorallen gedeihen in Hülle und Fülle und sind absolute Blickfänge, dazu gibt es überall kleine und große Barsche.

Das Schiff wartet dann am *Yolanda Reef*. Wenn man die WC-Schüsseln, die zur Ladung der „Yolanda" gehörten, auf dem Boden verteilt sieht, sollte man ans sichere Austauchen denken und die Boje hochschießen, denn Beiboote sammeln überall ihre Gäste auf.

Auch Namen wie *Ras Za'atar* und *Shark Observatory* sollte man sich merken. Jeder Platz am Ras Mohammed ist ein Erlebnis für sich und überall muss man jeden Augenblick mit Außergewöhnlichem wie Haien, Barrakudas, Makrelen oder mit Glück sogar mit einem Walhai rechnen.

Linke Seite: Fledermausfische am Ras Mohammed

Oben: Anemonenfische, spätestens seit „Findet Nemo" bekannt

Unten: Tauchen durch das Blauwasser im Graben von Ras Mohammed – ein unvergessliches Erlebnis

27 FAKTEN

- **Tiefe:** 2–40 m
- **Sichtweite:** 15–40 m
- **Wassertemperatur:** 20–30 °C
- **Beste Jahreszeit:** April–Okt.
- **Schwierigkeit:** ■–■■■■
- **Artenreichtum Korallen:** ■■■■■
- **Artenreichtum Fische:** ■■■■
- **Großfische:** ■■■■
- **Wracks:** ■■■
- **Höhlen:** ■■■
- **Steilwände:** ■■■■■
- **Schnorcheln:** ■–■■■■

ROTES MEER | 63

ROTES MEER: ÄGYPTEN
Tiran-Riffe

IN DER STRASSE VON TIRAN, DIE DAS ROTE MEER MIT DEM GOLF VON AQABA VERBINDET, LIEGEN VIER RIFFE DER BESONDEREN ART. SCHON SEIT DEN 1970ER-JAHREN KÖNNEN TAUCHER MIT SCHIFFEN IN DIESES TRAUMREVIER GELANGEN.

Rechte Seite: Riesige Salatkoralle am Jackson-Riff

Oben: Große Gorgonie, effektvoll angeleuchtet

Mitte: Picassodrücker mit schöner Zeichnung

Unten: Blaupunktrochen sind im Roten Meer häufig anzutreffen

28 FAKTEN

- **Tiefe:** 2–60 m
- **Sichtweite:** 15–40 m
- **Wassertemperatur:** 19–29 °C
- **Beste Jahreszeit:** März–Okt.
- **Schwierigkeit:** ■–■■■
- **Artenreichtum Korallen:** ■■■■■
- **Artenreichtum Fische:** ■■■■■
- **Großfisch:** ■■■■
- **Wracks:** ■
- **Höhlen:** ■
- **Steilwände:** ■■■■■
- **Schnorcheln:** ■■■■■

Die ehemalige Beduinensiedlung Sharm-el-Sheikh kennt heute fast jeder. Aus ein paar Hütten wurde ein Mini-Las-Vegas mit Hotelburgen. Der Bauboom nimmt kein Ende, und dies nicht zuletzt wegen der vielen sehenswerten Tauchplätze, die von hier aus erreicht werden können. Beipielsweise die Riffe in der Meerenge von Tiran, die am südlichen Ende des Golfs von Aqaba liegen.

Die vier Plattformriffe befinden sich da, wo der östliche Meeresarm, der die Halbinsel Sinai begrenzt, aus 2000 Metern Tiefe aufsteigt. Sie liegen genau in der Mitte der schmalen Wasserstraße auf einem Sattel und benannt sind sie nach englischen Kartografen: Gordon, Thomas, Woodhouse und Jackson.

Das erste Riff, von Süden kommend, ist das *Gordon-Riff*. Es ist das größte und durch das Wrack des 1981 aufgelaufenen Schiffes „Louilla" gut identifizierbar. Im strömungsärmeren Süden wird geankert. Südwestlich finden sich ein Plateau und das *Amphitheater*, dann folgt eine Steilwand mit großen Gorgonienfächern. Östlich liegen in einem Korallengarten alte, überwucherte Ölfässer, deren ausgelaufenes, erstarrtes Öl bizarre Formen hervorbringt.

Klein, aber etwas unberechenbar ist das nächste Riff: Am *Thomas-Riff* sind Strömungstauchgänge üblich. Während des Gezeitenwechsels ist es ruhig und man kann um das Riff herumtauchen und die Artenvielfalt genießen, die das kleinste der vier Riffe auszeichnet. Es gibt Weißspitzen- und Riffhaie, Barrakudas, Rochen, Schildkröten und Drückerfische. Die buschigen Schwarzen Korallen und die Fächerkorallen lassen auf die oft vorhandene Strömung schließen.

Lang und schmal ist das *Woodhouse-Riff*, das Schiffen wenig Schutz zum Ankern bietet und an dessen farbenfroher Ostwand man meist sehr schnell vorbeidriftet. Im Norden ist es durch einen Sattel mit dem spektakulärsten der vier Felsen, dem *Jackson-Riff*, verbunden. Diese Stelle wird von den Tauchguides aufgrund der oft vorherrschenden Turbulenzen unter Wasser auch „Waschmaschine" genannt und so sollte man sich nur bei idealen Bedingungen hierherwagen.

Das Jackson-Riff bietet die schönste Flora und Fauna, die an den hiesigen strömungsexponierten Plätzen bestens gedeihen kann. Im Sommer kann man auf der Nordseite rund um das Wrack der „Lara" sogar Bogenstirn-Hammerhaien begegnen.

ROTES MEER: ÄGYPTEN
Dahab

DER ORT IM SÜDEN DER SINAI-HALBINSEL VERSAMMELT IN SEINER UMGEBUNG ÜBER 30 TAUCHPLÄTZE, DIE FAST ALLE VON LAND BETAUCHT WERDEN KÖNNEN. DAS MYSTERIÖSE BLUE HOLE IST WELTWEIT BEKANNT.

Dahab liegt an der tiefsten und breitesten Stelle des Golfs von Aqaba, nördlich von Sharm El-Sheikh. Das ehemalige Fischerdorf verfügt heute über ein lebhaftes Touristenzentrum, doch eignet es sich mit seinen zahlreichen Stränden auch für Tauchtouristen, die Ruhe suchen und entspannen wollen. Es gibt viele Tauchplätze, die vom Strand aus betaucht werden können. Eine ganze Menge Tauchbasen bieten Fahrten zu den Plätzen an.

Vom vielfältigen Riffdach rund um Dahab geht es meist flach abfallend auf 25 bis 30 Meter Tiefe. Schöne Tauchplätze sind die *Southern Oasis* oder der nördlich gelegene *Canyon*, eine tiefe Spalte, die auf 15 Metern beginnt und den untersten Ausgang in 50 Metern Tiefe hat. Da es dazwischen nur wenige Ausstiegsstellen gibt, ist eine sorgfältige Planung notwendig.

Zwei Kilometer nördlich liegt das legendäre und mysteriöse *Blue Hole*: ein kreisförmiger Zylinder, der steil 120 Meter tief abfällt. Auf 56 Metern gibt es einen Ausgang, den sogenannten Arch. Das blaue Loch hat einen Durchmesser von 25 Metern und ist ein Mekka für Tecktaucher, die mit speziellen Gasgemischen für die Tiefe ausgerüstet sind. Leider hat der Platz einen furchtbaren Beinamen erhalten: Taucherfriedhof.

Unten links: Der Rotmeer-Walkman ist einer der gefährlichsten Vertreter der Region

Unten rechts: Der Krokodilsfisch ist bestens getarnt

29 FAKTEN

- ❖ Tiefe: 1–120 m
- ❖ Sichtweite: 15–35 m
- ❖ Wassertemperatur: 19–29 °C
- ❖ Beste Jahreszeit: März–Nov.
- ❖ Schwierigkeit: ■–■■■■
- ❖ Artenreichtum Korallen: ■■■■
- ❖ Artenreichtum Fische: ■■■■
- ❖ Großfische: ■■
- ❖ Wracks: ■■
- ❖ Höhlen: ■■■■
- ❖ Steilwände: ■■■■■
- ❖ Schnorcheln: ■■■■

ROTES MEER: REPUBLIK DJIBOUTI

Djibouti

DER KÜSTENSTAAT GRENZT AN DAS ROTE MEER UND DEN GOLF VON ADEN. EINST WAREN DIE SIEBEN-BRÜDER-INSELN WEGEN IHRER INTAKTEN KORALLEN-GÄRTEN UND DER VIELEN HAIE BELIEBT, HEUTE ZIEHEN WALHAIE, DIE IM WINTER VOR DER KÜSTE VERWEILEN, DIE TAUCHER AN.

Die Inselgruppe „Sieben Brüder" am Ausgang des Roten Meeres und am Eingang des Indischen Ozeans galt in den 1970er-Jahren wegen der prächtigen Weichkorallenpracht, den imposanten Steilwänden und den zahllosen Haien als Tauchrevier der Spitzenklasse. Doch die Haie wurden so lange gejagt, bis es kaum noch welche gab. Auch aufgrund der politischen Unruhen wurde das karge Wüstenland jahrzehntelang von Tauchern gemieden.

Doch mittlerweile hat Djibouti ein neues „Hai-Light" zu bieten, welches Taucher wieder vermehrt anlockt: Dutzende Walhaie treffen sich in den Wintermonaten im Golf von Tadjourah, um sich dort satt zu fressen und um ihre Jungen zu gebären. Sie durchpflügen einen kurzen, tiefen Küstenabschnitt, der vor einem Ausbildungscamp der französischen Legion liegt, nach aufsteigendem Plankton. Leider ist das Wasser somit recht trüb, was jedoch eine Begegnung mit den spektakulären Walhaien wiedergutmacht.

Die Walhai-Spots sowie die Sieben-Brüder-Inseln werden von Liveaboards angesteuert, Tauchbasen gibt es in Djibouti hingegen nicht.

Oben: Walhai beim Planktonfang
Unten: Ein Koloss von einem Walhai

30 FAKTEN

- **Tiefe:** 1–40 m
- **Sichtweite:** 5–20 m
- **Wassertemperatur:** 25–32 °C
- **Beste Jahreszeit:** Nov.–Feb.
- **Schwierigkeit:** ■
- **Artenreichtum Korallen:** ■■
- **Artenreichtum Fische:** ■■■
- **Großfische:** ■■■■■
- **Wracks:** ■■
- **Höhlen:** ■■
- **Steilwände:** ■■
- **Schnorcheln:** ■■■

Das kleinste der Weltmeere, gelegen zwischen Afrika, Asien, Australien und der Antarktis, bietet taucherisch Großartiges. Besonders die Gewässer vor Westafrika und um die wunderschönen Inselwelten der Malediven und Thailands erfüllen alle Bedingungen für einen gelungenen Tauchurlaub: Sie sind warm, fischreich, exotisch und bieten herrliche Korallenformationen.

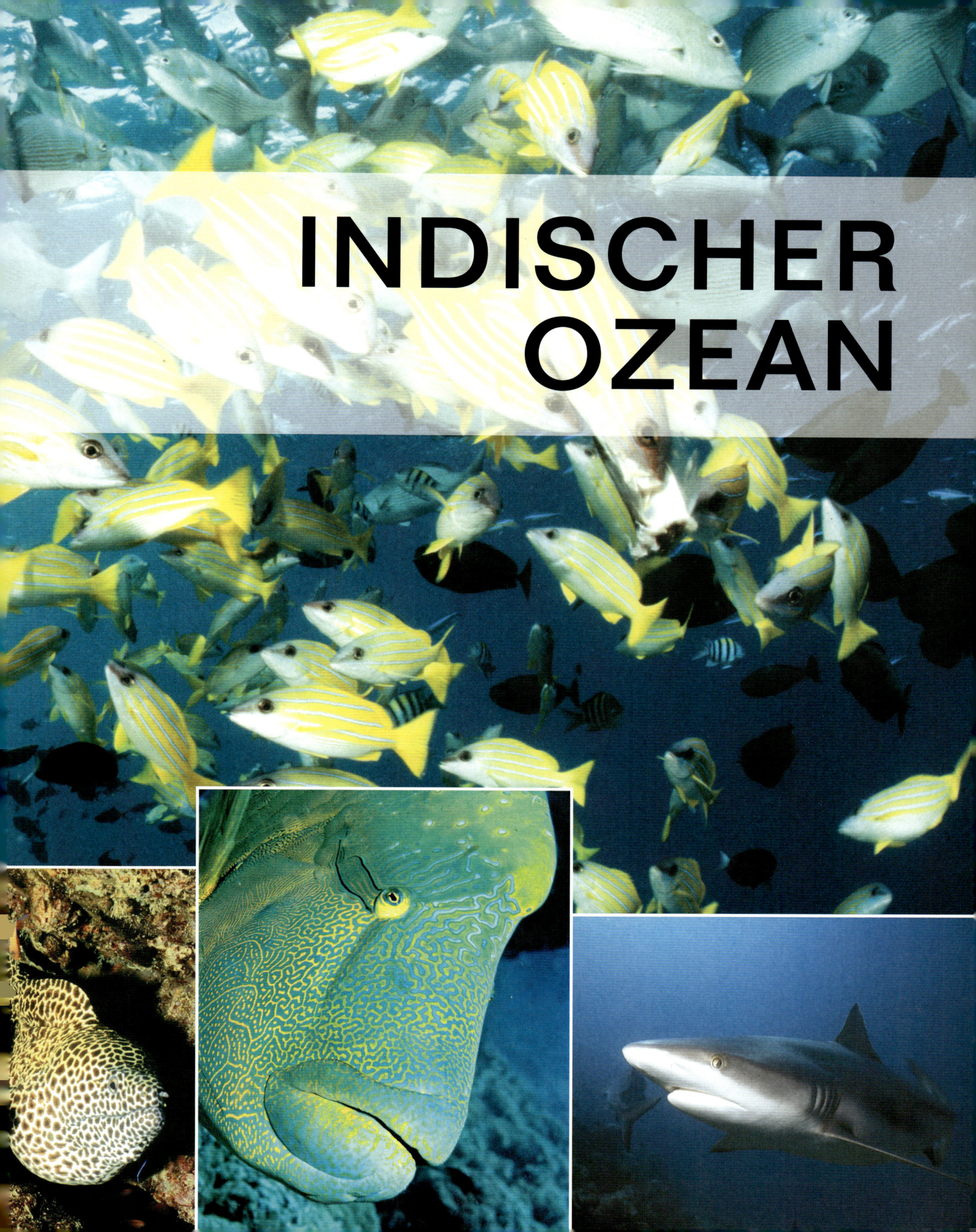
INDISCHER OZEAN

INDISCHER OZEAN: MALEDIVEN

Nord-Male-Atoll

DIE MALEDIVEN SIND EIN TRAUMZIEL. IM NORD-MALE-ATOLL WURDEN BEREITS 1972 DIE ERSTEN HOTELS GEBAUT, DENN MIT WEISSEN SANDSTRÄNDEN UND KRISTALLKLAREM WASSER IST ES EIN PERFEKTER ORT ZUM ABSCHALTEN, WOHLFÜHLEN UND TAUCHEN.

● Nord-Male-Atoll

Zu den Malediven zählen offiziell 1190 Inseln, welche auf 26 Atolle verteilt sind. Nur 202 Eilande des Archipels sind von Einheimischen bewohnt, etwa 100 weitere sind für Touristen zugänglich, die Tendenz ist steigend. Das Land besteht bei 820 Kilometern Länge und 130 Kilometern Breite zu 99 Prozent aus Ozean.

Eines der größten Atolle der Malediven ist das Nord-Male-Atoll. Es beherbergt die Hauptstadt Malé und auf der Insel Hulule einen internationalen Flughafen. Per Schiff oder Wasserflugzeug geht es zu den Resorts auf den Inseln. Schon beim spektakulären Landeanflug beeindruckt die von blauem Wasser umgebene „Perlenkette" – doch wer schon einmal hier war, bemerkt Unterschiede: Einige Resortinseln haben sich verändert, sie wurden vergrößert und in die „richtige" Form gebracht.

Die Tauchspots des Atolls gehören bis heute zur Spitzenklasse, viele liegen nicht einmal weit von der Hauptstadt entfernt. Die Weichkorallen- und die Fischwelt sind bestens erhalten, nur an den legendären *Shark-Points* treiben sich immer weniger Haie herum. Offiziell ist das Jagen innerhalb der Atolle zwar verboten, es wird aber leider trotzdem noch praktiziert.

Zu den besten Tauchplätzen zählt das *Rainbow Reef* vor der Insel Soneva Gili im stark durchströmten Kanal Himmafushi Kandu. Es bestehen Schwarmfische und Haie ebenso wie grandiose Weich- und Fächerkorallen mit einer außergewöhnlichen Farbigkeit. Das *Banana Reef* ist ein Klassiker und befindet

31 FAKTEN

- **Tiefe:** 2–30 m
- **Sichtweite:** 15–50 m
- **Wassertemperatur:** 27–30 °C
- **Beste Jahreszeit:** Feb.–April
- **Schwierigkeit:** ▪–▪▫▫▫
- **Artenreichtum Korallen:** ▪▪▪▪▪
- **Artenreichtum Fische:** ▪▪▪▪▪
- **Großfische:** ▪▪▪▪
- **Wracks:** ▪▪▪▪
- **Höhlen:** ▪▪▪▪
- **Steilwände:** ▪▪▪▪▪
- **Schnorcheln:** ▪▪▪▪▪

sich wie auch das *Rainbow Reef* in einem Naturschutzgebiet, auffallend sind hunderte Wimpelfische und Tischkorallen. Am langen Außenriff von Paradise Island liegt der legendäre *Manta Point*, an dem sich die „Überflieger" zeitweise gerne von Putzerfischen reinigen lassen und Taucher dies live miterleben können.

Wenn es im Makunudu-Kanal richtig strömt, erlebt man im *Blue Canyon* ein blaues Wunder: An Wänden und Überhängen leben fluoreszierende Weichkorallen. Großfischbegegnungen sind am *Woshi Mas Thila* wahrscheinlich und am *Barracuda Giri* taucht man in einer regelrechten Fischsuppe. Die *Arena* bei Madigas ist durch die Korallenformationen sehr geschützt.

Auch Wracks hat die Unterwasserwelt rund um das Nord-Male-Atoll zu bieten: das Hembadhoo-Wrack in einer Tiefe zwischen 15 und 25 Metern oder das Wrack der bekannten „Maldive Victory", ein 110 Meter langer Frachter, der im Jahre 1981 auf ein Riff in der Nähe des Flugplatzes lief. Es liegt aufrecht und für Taucher ideal in 35 Metern Tiefe.

Linke Seite: Glasfische im Steuerstand des Hembadhoo-Wracks

Oben: Riesige Weichkorallen am Rainbow Reef

Unten: Am Manta Point vor Paradise Island

INDISCHER OZEAN | 71

INDISCHER OZEAN: MALEDIVEN
Süd-Male-Atoll

DER VIER KILOMETER BREITE UND 1900 METER TIEFE VADOO-KANAL TRENNT DAS SÜD- UND DAS NORD-MALE-ATOLL. DAS SÜDLICHE, RINGFÖRMIGE KORALLENRIFF IST KLEINER, VERFÜGT JEDOCH WIE DAS NORD-MALE-ATOLL ÜBER ÄUSSERST SEHENSWERTE TAUCHSTELLEN.

Süd-Male-Atoll

Das Süd-Male-Atoll ist 21 Kilometer lang, 35 Kilometer breit und besteht aus 32 Inseln. Von diesen sind 17 für den Tourismus freigegeben und nur drei werden von Einheimischen bewohnt. Die anderen Eilande sind als Resorts weniger geeignet, sodass wohl keine Hotels mehr hinzukommen werden. Durch „landscaping" und „dredging" wurden andernorts bereits einige Inseln künstlich erweitert. Die hierbei eingesetzten Sandpumpen haben leider schon gewaltige Schäden am Riff verursacht.

Die südlichen Inseln des Male-Atolls wurden als zweites Gebiet der Malediven für den Fremdenverkehr entdeckt. Viele Inseln sind heute mit luxuriösen Resorts bebaut. Die zwei Einheimischeninseln Maafushi und Gulhi, auf denen noch Mattenflechter und Dhonibauer ihr traditionelles Handwerk ausüben, können im Rahmen eines Ausflugs besucht werden.

Wie jedes Atoll entstand auch das Süd-Male-Atoll ursprünglich durch die erfolgreichsten Baumeister aller Zeiten: kleine Korallenpolypen. Es handelt sich um ringförmige Gebilde aus Kalkstein, die unter oder über der Wasseroberfläche liegen können. Zu den Atollen gehören immer herrliche und meist türkis schimmernde Lagunen sowie Sandbänke und Inseln.

Am nördlichen Ende des Vadoo-Riffes stößt man auf den Tauchspot *Vadoo Cave*. Unter einem riesigen Überhang mit Weichkorallen steht meist ein großer Schnapperschwarm, in der Strömung kann man

32 FAKTEN

- ❖ **Tiefe:** 2–30 m
- ❖ **Sichtweite:** 15–50 m
- ❖ **Wassertemperatur:** 27–30 °C
- ❖ **Beste Jahreszeit:** Feb.–April
- ❖ **Schwierigkeit:** ■–■■■
- ❖ **Artenreichtum Korallen:** ■■■■■
- ❖ **Artenreichtum Fische:** ■■■■■
- ❖ **Großfische:** ■■■■
- ❖ **Wracks:** ■■■■
- ❖ **Höhlen:** ■■■■
- ❖ **Steilwände:** ■■■■■
- ❖ **Schnorcheln:** ■■■■■

Weißspitzenhaie, Makrelen und Thunfische beobachten. Das Hausriff von Vadoo Island ist ein Platz, an dem viele kleine Lebewesen wie Gobbies, Blennies, Nacktschnecken, Skorpionsfische oder Sandaale zu sehen sind. Spektakuläre Fischbegegnungen erlebt man – bei guter Strömung – am *Embudu Express*. In diesem unter Naturschutz stehenden Gebiet genießen erfahrene Taucher pure Action mit Grauhaien und Adlerrochen, ebenso im südlichen Guraidhoo-Kanal.

1991 wurde vor Dhinganfinolhu am *Kuda Giri* ein 70 Meter langer Frachter als Taucher-Attraktion versenkt, dieser ruht heute in 34 Metern Tiefe. Die Aufbauten sind mit knallroten Schwämmen bewachsen, in den Luftschächten tanzen Garnelen und um den rostenden Riesen kreist alles, was Taucherherzen höher schlagen lässt.

Drei weitere Plätze, die man nicht verpassen sollte, sind die große Höhle *Cathedral*, die Höhlen und Wracks des Potato Reefs und der *Broken Rock* mit seinen Schluchten, Canyons und fotogenen Süßlippen.

Linke Seite: Orientalische Süßlippen am Tauchplatz Canyon bei Embudu

Oben: Schwämme wachsen auf dem Wrack beim Tauchplatz Kuda Giri vor Dhinganfinolhu

Mitte: Eine Gruppe Haie lässt das Taucherherz schneller schlagen

Unten: Korallen in der Strömung beim Embudu Thila

INDISCHER OZEAN | 73

INDISCHER OZEAN: MALEDIVEN
Nord-Ari-Atoll

DAS ARI-ATOLL IST MIT 105 INSELN DAS ZWEITGRÖSSTE ATOLL DER MALEDIVEN. WIE DAS MALE-ATOLL TEILT ES SICH ADMINISTRATIV IN EINE NORD- UND IN EINE SÜDHÄLFTE. VIELE TAUCHER WURDEN EINST DURCH LEGENDÄRE SPOTS WIE DEN FISHHEAD ANGEZOGEN.

● Nord-Ari-Atoll

Rechte Seite oben: Porträt eines Grauen Riffhais

Rechte Seite unten: Ein Schwarm Blaustreifenschnapper

Unten: Schildkröte im Nordosten des Ari-Atolls

Das gesamte Ari-Atoll war jahrelang weltbekannt für seine exzellenten Haiplätze. Ein Blick in das Logbuch, dem Tagebuch der Taucher, verrät den Unterschied zwischen damals und heute: „22. Juli 1989, Ort: *Fishhead*, 24 m, 91 Min., Bemerkung: viele Grauhaie, Rochen, den Tauchgang muss man wiederholen." – „31. August 2006, Ort: *Fishhead*, 25 m, 42 Min., Bemerkung: Napoleons und ein Weißspitzenhai, es ist nicht mehr viel los."

Wie viele tausend Jahre mag dieser Unterwasserfelsen der Treffpunkt für Haie gewesen sein, bevor Taucher ihn und die Haie hier entdeckten? Zwischen den beiden Tauchgängen liegen nur 19 Jahre und heute ist plötzlich alles anders. Denn 1994 fingen örtliche Fischer an vielen Plätzen binnen einer Woche die kompletten Haibestände – nur wegen ihrer Flossen. Das „Shark Finning" löste weltweit Bestürzung aus. Abgesehen davon bringt ein lebender Hai durch den angelockten Tauchtourismus deutlich mehr Geld ein als die Flossen eines Tieres, an denen die Fischer gerade einmal zehn Dollar verdienten.

1995 wurde das Gebiet schließlich unter Naturschutz gestellt, leider viel zu spät. Richtig erholt haben sich die Gegend und ihr Haibestand bis heute nicht. Dennoch gibt es noch genügend Tauchhöhepunkte im Nord-Ari-Atoll, das von Hulule in etwa 30 Minuten per Flugzeug erreicht werden kann. Die hiesigen klassischen Taucherinseln legen immer mehr Wert auf Luxus, sodass sich Taucher, die sich eher für die schönen Dinge unter als über Wasser interessieren, häufig auf Kreuzfahrtschiffen einmieten.

Die beliebtesten Plätze sind das *Ukulhas Thila*, der *Nika Point* und das *Angehi Kandu* mit den vielen Mantas. Das schön bewachsene Fesdu-Wrack, welches zwischen 24 und 28 Metern Tiefe liegt, sollte man ebenso wenig verpassen wie die Teufelsrochen am *Dhonkalo Thila*, das *Bathala Thila*, das Halaveli-Wrack oder das Hausriff von Elaidhoo, das für seine große Schnapper-Schule bekannt ist.

Das reich bewachsene *Maaya Thila* eignet sich besonders gut für Nachttauchgänge. Ein außergewöhnlicher Spitzenplatz ist das *Hafza Thila* mit Fledermausfischen, Makrelen, Grauen Riffhaien und Schildkröten.

Ein bereits legendäres Erlebnis ist der „Early-Morning-Dive" am Hammerhaiplatz *Big Blue* bei Kuramathi, der größten Hotel-Insel der Malediven, die zum Rasdu-Atoll nördlich des Ari-Atolls gehört.

33 FAKTEN

- **Tiefe:** 2–30 m
- **Sichtweite:** 15–50 m
- **Wassertemperatur:** 27–30 °C
- **Beste Jahreszeit:** Feb.–April
- **Schwierigkeit:** ■–■■■
- **Artenreichtum Korallen:** ■■■■
- **Artenreichtum Fische:** ■■■■■
- **Großfische:** ■■■■
- **Wracks:** ■■■
- **Höhlen:** ■■■
- **Steilwände:** ■■■■■
- **Schnorcheln:** ■■■■■

INDISCHER OZEAN: MALEDIVEN
Süd-Ari-Atoll

SEIT MITTE DER 1980ER-JAHRE IST DAS GANZE ARI-ATOLL EINE FESTE GRÖSSE FÜR DIE INTERNATIONALE TAUCHSZENE. DER SÜDLICHE TEIL LOCKT MIT SEINEN MITTLERWEILE WELTBEKANNTEN MANTAPOINTS UND WALHAIEN IM FRÜHJAHR.

● Süd-Ari-Atoll

Was das Klima betrifft, sind die Malediven grundsätzlich ein Ganzjahresgebiet, sowohl die Luft- als auch die Wassertemperaturen sind konstant subtropisch. Da besonders der Südwestmonsun von Mai bis Oktober häufig Regen und Wind auf die südwestlichen Inseln aller Malediven-Atolle bringt, liegt die beste Reisezeit für das Süd-Ari-Atoll zwischen November und April, wenn der Nordostmonsun herrscht und es hier ruhiger ist.

Neben dem Wetter sollte auch das Vorhandensein eines guten Hausriffes bei der Reiseplanung eine Rolle spielen. So kann man unabhängig von festen Zeiten tauchen, im Süd-Ari-Atoll beispielsweise am Hausriff der Insel Vilamendhoo, welches über zehn Ein- und Ausstiege mit einem komfortablen Flaschenservice verfügt. Direkt vor Machchafushi wurde das Wrack der „MV Kudhi Maa" versenkt, das zu jeder Tageszeit gefahrlos betaucht werden kann. Die Hausriffwand von Ranveli fällt von 3 auf 36 Meter tief ab und ist, da sie mitten in einem nährstoffreichen Kanal liegt, von vielen Muränen, Schnappern und Makrelen bevölkert.

Auch wenn viele Tauchplätze des Süd-Ari-Atolls während des Nordostmonsuns relativ gut geschützt sind, entstehen durch Ebbe, Flut und die Mondphasen dennoch teils heftige Strömungen in den Kanälen, die das nährstoffreiche Wasser ans ruhigere Außenriff bringen. So kommt es, dass zu dieser Zeit häufig Walhaie die südliche Ecke des Atolls besuchen. Am besten kann man

34 FAKTEN

- **Tiefe:** 2–30 m
- **Sichtweite:** 15–50 m
- **Wassertemperatur:** 27–30 °C
- **Beste Jahreszeit:** Nov.–April
- **Schwierigkeit:** ■–■■■■■
- **Artenreichtum Korallen:** ■■■■■
- **Artenreichtum Fische:** ■■■■■
- **Großfische:** ■■■■■
- **Wracks:** ■■■■
- **Höhlen:** ■■■
- **Steilwände:** ■■■■■
- **Schnorcheln:** ■■■■■

die Tiere bei ruhigem Wellengang vom Schiff aus sichten. Ihre Rückenfinne oder Schwanzflosse verraten sie. Ruft jemand plötzlich „Whaleshark", kommt Hektik an Bord auf. Nur mit Maske, Schnorchel und Flossen ausgerüstet, versucht dann jeder, diesen Giganten hautnah zu begegnen und mit ihnen zu schwimmen.

Auch Mantas können im Frühjahr oft gesichtet werden. Alle Inseln haben ihre bekannten Plätze, besonders empfehlenswert sind die vor Rangali und bei Mirihi. Topspots für Fische und Korallen aller Art sind die Tauchplätze *Thinfushi-Thila* und *Kudarah-Thila* und das *Mamigili Faru*. Am Außenriff der Insel Dhidhoofinolhu, besser bekannt als Diva Resort oder ehemals White Sands, sind die Chancen auf eine Begegnung mit Walhaien besonders gut. Büffelkopfpapageienfische sowie Haie zeigen sich am *Dhangethi Corner*.

Einen Tauchgang der Extraklasse erlebt man bei *Panettone* nördlich der Insel Thundufushi, wo sich die Unterwasserwelt der Malediven von ihrer schönsten Seite zeigt.

Linke Seite: Manta an Putzerstation

Oben: Walhai am südlichen Außenriff des Süd-Male-Atolls

Mitte: Süßlippe mit Putzerfischen

Unten: Buckelkopfschnapper am Außenriff der Insel Diva Resort

INDISCHER OZEAN: MALEDIVEN
Süd-Atolle

DIE MEISTEN RESORTSINSELN DER MALEDIVEN LIEGEN RUND UM DAS MALE-ATOLL IN DER MITTE DES LANDES. JE NÄHER MAN SICH RICHTUNG ÄQUATOR BEWEGT, DESTO WENIGER TAUCHER TRIFFT MAN. DABEI GIBT ES IN DEN SÜDLICHEN ATOLLEN FANTASTISCHE TAUCHSPOTS.

● Süd-Atolle

Rechte Seite oben: Die riesige Schraube des Wracks „British Loyalty" vor der Insel Gan

Rechte Seite unten: Typisch für die Malediven – eine Füssilierschule

Oben: Kleine Weichkorallen an der Golden Wall im Felidhu-Atoll

Unten rechts: Barsch frisst Artgenossen

 FAKTEN

- **Tiefe:** 2–30 m
- **Sichtweite:** 15–50 m
- **Wassertemperatur:** 27–30 °C
- **Beste Jahreszeit:** Dez.–April Addu-Atoll: Feb.–Juni
- **Schwierigkeit:** ■–■■■■■
- **Artenreichtum Korallen:** ■■■■■
- **Artenreichtum Fische:** ■■■■■
- **Großfische:** ■■■■
- **Wracks:** ■■■
- **Höhlen:** ■■■
- **Steilwände:** ■■■■■
- **Schnorcheln:** ■■■■■

Das Nilandhe-, Felidhu-, Mulaku und das Addu-Atoll im Süden der Malediven bieten ebenso abwechslungsreiche Tauchplätze wie das Male- und das Ari-Atoll. Wie überall auf den Malediven findet man auch hier alle Arten von Riffen: von Giris (Riffe, die bis zur Oberfläche oder knapp darunter reichen) über Thilas (enden etwa 8 bis 10 Meter unter der Wasseroberfläche und es gibt oft starke Strömungen) bis zu Farus (lang gezogene Riffe) und Kandus (Kanäle mit kräftigem, gezeitenabhängigem Wasserein- und -auslauf).

Internationalen Stellenwert haben seit Jahren die Tauchplätze im Nord-Nilandhe-Atoll, die nur von einer Tauchbasis auf der Insel Filitheyo angefahren werden. Neben einem abwechslungsreichen, bis zu 90 Metern tiefen Hausriff mit acht Ein- bzw. Ausstiegen findet man weitere 30 Plätze im näheren Umkreis. Die Fischschwärme erinnern noch heute an die Malediven der 1970er-Jahre.

Die Riffe im Felidhu-Atoll rund um die Resortinseln Dhiggiri und Alimatha sind von Tauchern wenig besucht. Dabei präsentiert sich die *Golden Wall* außergewöhnlich farbenfroh und herrliche Weichkorallen in Pink, Rot und Gelb verzieren ganze Blöcke am Kanaleck. Mit etwas Glück kann man am frühen Morgen am *Hammerhead Point* vor der Insel Fottheyo Hammerhaie sehen. Im *Rakeedhoo-Kandu* stößt man auf viel Schwarmfisch und fette Barsche; als Geheimtipp gilt der Vattaru-Kanal.

Das südlichste Atoll ist das Addu-Atoll, es verfügt sogar über einen eigenen Flughafen auf der Insel Gan. Diese hat zudem zwei Dutzend Spots zu bieten, an denen nahezu unberührte Hartkorallengärten wachsen und sogar Tecktauchen möglich ist. Am *Muda Kan* lassen sich Mantas von kleinen Lippfischen putzen, Adlerrochen, Napoleons und Schnapper trifft man am *Bushy East Channel*. Bei *Ismahelia* dösen Ammenhaie, Schildkröten grasen und Barrakudas gehen auf die Jagd.

Das größte Wrack der Malediven, die „British Loyalty", ist ein 134 Meter langer Öltanker, der großflächig mit allerlei Korallen bewachsen ist. Auch hier hat sich die Korallenwelt wieder gut erholt, nachdem 1998 die warmen Strömungen des El Niño mit Wassertemperaturen bis zu 35 Grad Celsius fast 70 Prozent der Korallen schädigte. Am stärksten vom „coral bleaching" betroffen waren die Hartkorallengärten knapp unter der Wasseroberfläche und dort, wo kein Wasseraustausch mit kühleren, tieferen Schichten stattfinden konnte.

INDISCHER OZEAN: JEMEN

Al Mukallah

TAUCHERISCH IST DER JEMEN RELATIV UNERSCHLOSSEN. DABEI GRENZT DAS LAND IM WESTEN AN DAS ROTE MEER UND IM SÜDEN AN DEN INDISCHEN OZEAN – EIN MÄRCHENLAND WIE VON 1001 NACHT FINDEN TAUCHER HIER AUCH UNTER WASSER.

● Al Mukallah

Unten links: Sepiahochzeit

Unten rechts: Netzmuräne unter Beobachtung

Den Jemen verbinden die meisten mit mystischen Geschichten über das Reich der Königin von Saba, mit der Weihrauchstraße und Gewürzhandel, doch kaum jemand mit Tauchsport. Dabei lohnt sich eine Reise in das Land ganz im Süden der Arabischen Halbinsel – ein bisschen Abenteuer sollte man einkalkulieren.

Die erste Genehmigung für eine Tauchbasis gab es im Jemen erst 1995 in der heute boomenden Hafenstadt Al Mukallah. Das Hausriff darf sich niemand entgehen lassen, die Artenvielfalt der Muränen ringsherum ist rekordverdächtig: Zehn verschiedene Arten bei einem Tauchgang sprechen für die „Hauptstadt der Muränen". Auch das Wrack des Frachters „Maldive Image", welches in der Nähe des Hafens auf das Riff gelaufen ist, kann betaucht werden.

Nur zwei Kilometer von der Basis entfernt liegen die *Rocky Banks*, eine Untiefe, die 12 bis 15 Meter unter die Wasseroberfläche ragt. Hier versammelt sich der ganze Fischreichtum des Arabischen Meeres: Taucher werden von hunderten blauer Drückerfische empfangen, imposante Netzmuränen findet man öfters vor ihren Wohnhöhlen und ab und zu trifft man sogar auf Haie, Marlins oder Thunfische.

36 FAKTEN

❖ **Tiefe:** 3–40 m
❖ **Sichtweite:** 10–20 m
❖ **Wassertemperatur:** 26–31 °C
❖ **Beste Jahreszeit:** Nov.–März
❖ **Schwierigkeit:** ■–■■■■■
❖ **Artenreichtum Korallen:** ■■■
❖ **Artenreichtum Fische:** ■■■■
❖ **Großfische:** ■■■
❖ **Wracks:** ■■
❖ **Höhlen:** ■■
❖ **Steilwände:** ■■■
❖ **Schnorcheln:** ■■■

INDISCHER OZEAN: TANSANIA

Pemba

DIE „GRÜNE INSEL" VOR DER OSTKÜSTE SÜDAFRIKAS GEHÖRT ZUR INSELGRUPPE SANSIBAR UND POLITISCH ZU TANSANIA. DIE TAUCHGRÜNDE UM DIE INSEL UND IM PEMBA-KANAL SIND VIELVERSPRECHEND, GUT ZU ERREICHEN UND DENNOCH NICHT OFT BETAUCHT.

Bereits 1967 wurde die hügelige und üppig bewachsene Insel durch Tauch-Altmeister Jacques Cousteau bekannt. Heute ist sie noch immer ein heißer Tipp unter Tauchern, denn die kleine Schwester Sansibars scheint in einem Dornröschenschlaf zu liegen.

Zuerst wurde das Eiland taucherisch nur von Kreuzfahrtschiffen, die von Kenia aus starteten, umrundet. Heute gibt es – immer noch jenseits des Massentourismus – einige Lodges und Tauchbasen auf der Insel, hinzu kommen weiterhin Liveaboards.

Zwischen dem Festland von Tansania und der Insel verläuft der tiefe Pemba-Kanal, der von Mantas, Walhaien und anderen Großfischen durchschwommen wird. Vor der großen Insel befinden sich unzählige kleine, teilweise unbewohnte Eilande mit üppiger tropischer Vegetation.

Um die Insel Misali liegt ein Marinepark mit vielen Kanälen, die gut betaucht werden können. Vor Pemba können sich Taucher die Plätze frei aussuchen, von steilen Drop-Offs bis zu sanften Korallengärten. Die Farben des Ozeans reichen von tiefem Blau bis zu flachem Türkis, die Fisch- und Korallenwelt von Groß bis Klein.

Oben links: Silbrig schimmernde Barrakudas

Oben rechts: Koran-Kaiserfisch mit leuchtend blauen Streifen

Unten: Riesiger Fass-Schwamm

🟣 37 FAKTEN

- ❖ Tiefe: 5–40 m
- ❖ Sichtweite: 10–35 m
- ❖ Wassertemperatur: 27–31 °C
- ❖ Beste Jahreszeit: Okt.–März
- ❖ Schwierigkeit: ■–■■■■■
- ❖ Artenreichtum Korallen: ■■■
- ❖ Artenreichtum Fische: ■■■■
- ❖ Großfische: ■■■
- ❖ Wracks: ■
- ❖ Höhlen: ■■
- ❖ Steilwände: ■■■■
- ❖ Schnorcheln: ■■■

INDISCHER OZEAN: SEYCHELLEN

Seychellen

ÜBER WASSER GIBT ES KAUM EINE SCHÖNERE TRAUMKULISSE ALS DIE DER SEYCHELLEN. UNTER WASSER HABEN DIE GRANITINSELN EINEN RAUEREN CHARME, DOCH AUCH OHNE GROSSE KORALLENPRACHT BESTECHEN SIE DURCH FISCHREICHTUM UND KRUSTENTIERE.

Das „Paradies" Seychellen besteht aus 115 Inseln, liegt östlich von Afrika und nördlich von Madagaskar und gliedert sich in ein inneres und ein äußeres Gebiet. Die Inner Islands befinden sich auf der „Seychelles Bank" rund um die Hauptinseln Praslin, La Digue und Mahé und sind der Mittelpunkt des touristischen wie des einheimischen Lebens auf den Seychellen. Die Outer Islands sind recht kleine Atolle und Sandbänke, die teilweise über 1000 Kilometer von den Hauptinseln entfernt liegen. Durch die Nähe zum Äquator ist das Klima konstant tropisch.

Viele Tauchbasen sind in die Hotels einiger Inseln integriert. Weitaus abwechslungsreicher ist jedoch eine Schiffskreuzfahrt durch den Archipel. Zu den Seychellen gehören über 100 gelistete Tauchstellen, deren Unterwasserlandschaft sich häufig ähnelt. Leider herrschen nicht immer klare Sichtverhältnisse und auch farbige Weichkorallen und riffbildende Hartkorallengärten sollte man hier als Taucher nicht erwarten. Den wenigen vorhandenen Korallen hat El Niño 1998 durch seine übermäßige Erwärmung des Meerwassers um sieben Grad Celsius leider sehr geschadet. Auch der Tsumami 2004 hatte auf einigen Inseln negative Auswirkungen, unter wie über Wasser.

Die Unterwasserszenerie der Seychellen ist von großen, malerischen Felsblöcken, die auch an Land zu sehen sind, geprägt. Diese bilden Canyons und Schluchten, die an das Tauchen im Atlantik erinnern. Bei den beiden Inseln Les Soeurs sehen diese Unterwasserfelsen mit etwas Fantasie wie Hochhäuser

Seychellen

38 FAKTEN

- **Tiefe:** 5–40 m
- **Sichtweite:** 5–25 m
- **Wassertemperatur:** 23–30 °C
- **Beste Jahreszeit:** April/Mai u. Okt./Nov. (Monsunwechsel)
- **Schwierigkeit:** ■–■■■
- **Artenreichtum Korallen:** ■■
- **Artenreichtum Fische:** ■■■■
- **Großfische:** ■■■■
- **Wracks:** ■■■
- **Höhlen:** ■■
- **Steilwände:** ■■■
- **Schnorcheln:** ■■■

aus, weshalb der Platz *Manhattan* genannt wird. Die Schluchten dazwischen bilden Gassen, in denen Räuber wie Makrelen die Gelbrücken-Füsiliere jagen und Barrakudas als Riffspolizisten wachen. Manche „Wolkenkratzer" reichen fast bis zur Oberfläche und sind mit farbigen Schwämmen geschmückt, sozusagen die Kunst am Bau.

An der kleinen Steilwand vor der Insel Marianne kreisen oftmals Grau- und Weißspitzenhaie, Taucher müssen nur etwas Geduld mitbringen. Ab und zu ziehen sogar Walhaie mit Pilotmakrelen und Schiffshaltern vorbei und manchmal fliegen auch Adlerrochen durchs Wasser.

Ein unkartierter Top-Platz ist der *Biter Rock* zwischen Praslin und La Digue. Hervorragende Stellen mit allerlei Rochen findet man vor dem weltbekannten Strand Anse Lazio auf Praslin und vor Booby Island. Weltbekannt für ihre Riesenschildkröten ist zudem die zu den Outer Islands zählende Aldabra-Gruppe.

Linke Seite: Schiffshalter und Makrelen begleiten einen Walhai

Oben: Stattliches Exemplar eines Riesenhais mit 3,5 Metern Länge

Mitte: Ein Gitarrenrochen bahnt sich seinen Weg auf dem Meeresgrund

Unten: Zackenbarsch wird von Garnelen geputzt

INDISCHER OZEAN: THAILAND

Phuket

DIE BEGEHRTE TROPENINSEL IN DER ANDAMANENSEE IST EINE WAHRE TAUCHERHOCHBURG. SIE BIETET VIELE GUTE PLÄTZE FÜR SCHNORCHLER, ANFÄNGER UND ERFAHRENE TAUCHER. DIE VERWÜSTUNGEN DES TSUNAMIS 2004 KONNTEN SCHNELL BEHOBEN WERDEN.

Phuket liegt circa 900 Kilometer südlich von Bangkok und ist mit 543 Quadratkilometern die größte Insel Thailands. Malerische Sandstrände, schöne Hotels, faire Preise, das Nachtleben und optimale Flugverbindungen machen die Insel zum Touristenmagnet. Insbesondere der Tauchsport boomt: Über 80 Tauchbasen sprechen für die Beliebtheit Phukets und der umliegenden Tauchgebiete, die eine fantastische Unterwasserwelt, reich an Farben und Leben, zu bieten haben.

Ausfahrten mit den landestypischen Longtailbooten gehören längst der Vergangenheit an. Heute steht für die Taucher, die aus aller Welt hierherreisen, eine ganze Flotte modernster Tauchschiffe für Ein- oder Mehrtagestouren bereit. Im Hafen von Chalong gibt es einen „Tauchterminal", wo morgens mit speziellen Fahrzeugen reihenweise Taucher zu den verschiedenen Schiffen gebracht werden, die am Ende eines langen Steges auf ihre Gäste warten.

Anfänger tauchen meist um die vorgelagerten Riffe, erfahrene Aquanauten zieht es zu den ein bis zwei Stunden entfernten Tauchplätzen. Im Schutzgebiet um *Shark Point*, das in östlicher Richtung 90 Minuten Fahrtzeit entfernt liegt, trifft man häufig Seeschlangen und ortstreue Leopardenhaie an. Eine weitere Attraktion sind seine Weich- und Fächerkorallen. Ganz in der Nähe schlummert aufrecht das Wrack der „King Cruiser", das ehemalige Fährschiff ist im Mai 1997 gesunken. Die drei Ebenen des Schiffs befinden sich in einer Tiefe zwischen 12 und 30 Me-

39 FAKTEN

- **Tiefe:** 5–40 m
- **Sichtweite:** 10–25 m
- **Wassertemperatur:** 27–30 °C
- **Beste Jahreszeit:** Nov.–April
- **Schwierigkeit:** ■□□□□
- **Artenreichtum Korallen:** ■■■■
- **Artenreichtum Fische:** ■■■■
- **Großfische:** ■■■
- **Wracks:** ■■
- **Höhlen:** ■■■
- **Steilwände:** ■■■■
- **Schnorcheln:** ■■■

tern, bewacht werden sie von Rotfeuerfischen, Muränen und Krustentieren. Das nährstoffreiche Freiwasser lockt auch verschiedene Fischschulen an. Beim nahe gelegenen *Anemonen-Riff* beeindrucken große Anemonenfelder, die mit Clownfischen zusammen in Symbiose leben.

Gute Chancen auf Mantas und Leopardenhaie hat man bei der unbewohnten Insel Racha Noi südlich von Phuket. Relativ unberührt und auch gut für Schnorchler geeignet ist die Nachbarinsel Racha Yai mit einer Vielzahl tropischer Fische und farbenfrohen Weich- und Hartkorallen. Meist wird hier ein Drifttauchgang durchgeführt: Man lässt sich von der Strömung treiben und wird am Ende des Tauchganges wieder an Bord geholt.

Ein Genuss sind die Plätze um die Phi-Phi-Inseln östlich von Phuket, die in drei Stunden erreicht werden. Hier kann man in Kalksteinhöhlen tauchen, in denen tausende Glasfische umherflitzen.

Linke Seite: Leopardenhai bei Ko Bid Noc

Oben: Perfekte Tarnung – ein Geisterfetzenfisch zwischen einer Harfenkoralle

Unten: „Spagat" eines Seesterns

INDISCHER OZEAN: THAILAND
Ko Lanta

DIE BEIDEN LANTA-INSELN LIEGEN IN DER PHANG-NGA-BUCHT IM SÜDWESTEN THAILANDS. VON LANTA YAI WERDEN EINIGE TAUCHPLÄTZE ANGESTEUERT, BEI DENEN SPEKTAKULÄRE WEICHKORALLENGÄRTEN GARANTIERT UND GROSSFISCHBEGEGNUNGEN MÖGLICH SIND.

Südöstlich von Phuket und etwa 70 Kilometer südlich der Stadt Krabi liegen im Mu-Ko-Lanta-Nationalpark die beiden Inseln Lanta Noi und Lanta Yai. Erstere ist nahezu unbewohnt, Lanta Yai eine – im Vergleich zum hektischen Phuket – eher ruhige Touristeninsel mit hübschen Stränden. Auch einige Tauchbasen haben sich hier niedergelassen.

Die umliegenden Tauchspots westlich und südlich der Inseln werden während Tagesfahrten oder 2-Tages-Touren angesteuert. Diese Ziele bedienen auch einige Kreuzfahrtschiffe, die von Phuket aus starten. Während der Regensaison in den Sommermonaten ist das Tauchen in allen Revieren nicht attraktiv, da das Wasser oftmals trübe ist.

Zu den schönsten Spots, die dem Gebiet um Ko Lanta zugeordnet werden, zählt der kleine Felsen *Hin Bida*, der bei Ebbe aus dem Wasser ragt. Am Sandgrund dösen oftmals Leopardenhaie, an der Ostseite gedeihen schöne Weichkorallenformationen. Spannende Drop-Offs sowie Fächerkorallen warten an den zwei Felsen *Koh Bida Nai*, wo sich in den vielen Spalten Langusten und andere Krebse verstecken.

Ko Ha, was übersetzt die „fünf Inseln" bedeutet, liegt über eine Stunde Bootsfahrt vom Saladan-Pier auf Lanta Yai entfernt. Rund um die Inselgruppe hat man die freie Wahl, denn es finden sich gleich mehrere gute Spots: Eine domartige Höhle mit weißen Peitschenkorallen lockt bei *Koh Ha Yai*, ringsherum lauern Skorpions-, Stein- und Rotfeuerfische. Vor der Nachbarinsel Ko Ha Nua gibt es einen herrlich bewachsenen Kamin – der *Chimney* führt von 17 auf 5 Meter und ist breit genug, dass er ohne Beklemmungsgefühle durchtaucht werden kann. Meist ziehen davor hunderte kleiner Barrakudas umher.

Etwa 20 Kilometer südwestlich des Naturparks Ko Rok Nok liegen die zwei Topspots der Gegend: *Hin Muang* und *Hin Daeng*. Die „lila Felsen" von *Hin Muang* ragen bis etwa zwölf Meter unter die Oberfläche und sind fast vollständig mit lila Weichkorallen überzogen, weiter unten dösen nicht selten Leopardenhaie. Hier befindet sich die tiefste Steilwand von Thailand, sie führt etwa 70 Meter nach unten und hat Sichtweiten von 10 bis 40 Metern zu bieten. Gerade einmal 400 Meter entfernt schauen drei kleine Felsen aus dem Wasser: Der „Rote Felsen" *Hin Daeng* ist ebenfalls nach seinem Weichkorallenvorkommen benannt. Hier leben zu hunderttausenden winzige Schwarmfische und von Januar bis April können Taucher Faszination pur erleben – denn in diesen Monaten wird der Platz gerne von Walhaien und Mantas besucht.

Rechte Seite: Tauchspot Hin Daeng – wie viele tausend Fische mögen dies wohl sein?

Oben: Ein Buckelkopfskorpionsfisch reißt das Maul weit auf

Mitte: Gut getarnter giftiger Steinfisch

Unten: Farbenprächtige Anemone

🟣 FAKTEN

- **Tiefe:** 5–40 m
- **Sichtweite:** 10–40 m
- **Wassertemperatur:** 26–30 °C
- **Beste Jahreszeit:** Nov.–April
- **Schwierigkeit:** ■–■■■■
- **Artenreichtum Korallen:** ■■■■■
- **Artenreichtum Fische:** ■■■■
- **Großfische:** ■■■■
- **Wracks:** ■
- **Höhlen:** ■■■
- **Steilwände:** ■■■■
- **Schnorcheln:** ■■■■

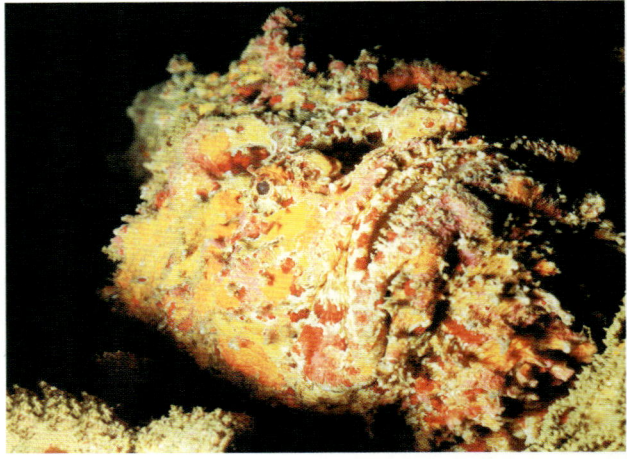

INDISCHER OZEAN: THAILAND

Similan-Inseln

ALS DIE NEUN GRANITINSELN 1982 UNTER SCHUTZ GESTELLT WURDEN, GALTEN DIE KORALLENRIFFE MIT IHREM FISCHREICHTUM ALS INSIDERTIPP, HEUTE SIND SIE WELTBEKANNT. BESONDERS VON SAFARIBOOTEN WERDEN SIE GERNE ANGESTEUERT.

Die Similan-Inseln liegen 100 Kilometer nordwestlich von Phuket in der Andamanensee und zählen zum 128 Quadratkilometer großen, unbewohnten Mu-Ko-Similan-Nationalpark. Der Tauchtourismus auf den Inseln hat durch immer mehr Liveaboards, die von Phuket aus starten, deutlich zugenommen. Hinzu kommen viele schnelle Tagesboote vom etwa 60 Kilometer entfernten Khao Lak.

Die 25 Kilometer lange Inselkette besteht aus insgesamt neun Inseln. Dieser Umstand gab ihr auch den Namen „Similan", was auf Malaiisch „neun" bedeutet. Die Inseln wurden der Einfachheit halber von Süden nach Norden durchnummeriert, tragen zusätzlich jedoch auch noch einen thailändischen Namen. Die mehr als zwei Dutzend Tauchplätze des Nationalparks zählen zu den besten Südostasiens. Das Fischen ist verboten und wer hier tauchen möchte, muss eine tägliche Eintrittsgebühr bezahlen.

Bei den Inseln unterscheidet man die von Wind und Wellen abgeschliffenen und dem Südwestmonsun ausgesetzten Westseiten mit beeindruckenden Granitblöcken, die Unterwasser-Canyons, Überhänge und Höhlen bilden, von den sanft abfallenden Riffen auf den Ostseiten, die eher relaxtes Tauchen erlauben. Über 200 Arten Steinkorallen und 350 verschiedene Weichkorallen wurden um die Inseln gezählt. Leider gehören die einst sicheren Walhaibegegnungen auch hier der Vergangenheit an.

41 FAKTEN

- Tiefe: 5–40 m
- Sichtweite: 20–45 m
- Wassertemperatur: 26–30 °C
- Beste Jahreszeit: Okt.–Mai
- Schwierigkeit: ▪–▪▪▪▪▪
- Artenreichtum Korallen: ▪▪▪▪▪
- Artenreichtum Fische: ▪▪▪▪▪
- Großfische: ▪▪▪▪
- Wracks: ▪▪
- Höhlen: ▪▪
- Steilwände: ▪▪▪▪
- Schnorcheln: ▪▪▪▪▪

Beliebt ist der Freiwasserabstieg zum *Sharkfin Reef* auf Insel Nummer 3, wo sich viele Rifffische tummeln. Vor Insel Nummer 4 sind in *Stonehenge* große Felsblöcke mit Seefächern geschmückt und farbige Papageienfische bevölkern die *Chinese Wall*. Ko Payu, Insel Nummer 7, glänzt mit drei Topspots für Anfänger und Erfahrene: Bei *Deep Six* erwarten den Taucher Canyons und Fassschwämme, *East of Eden* ist mit einer immensen Korallenpracht, Schildkröten, Muränen und Seeschlangen eines der schönsten Riffe der Inselgruppe und bei *Sea Fan City* stehen Fächerkorallen, Schwämme, Weichkorallen und Fischschwärme in der Strömung.

Ko Similan ist die Insel Nummer 8 und die größte des ganzen Archipels. Südwestlich von ihr liegt der *Elephant Rock*. Die Donald Duck Bay mit Postkartenidylle bietet einen Ankerplatz und gute Nachttauchgänge. Auf der Westseite findet sich ein toller Spot mit vielen Weichkorallen, das *Fantasea Reef*. Das ehemalige Kreuzfahrtschiff „Atlantis" ruht am *Beacon Reef* in zwölf Metern Tiefe und wird von Rochen, Muränen und Fledermausfischen umschwärmt.

Die beliebte Nordinsel Nummer 9, Ko Bangu, ist alleine von sieben Tauchspots umgeben, die besten heißen *Snapper Alley, North Point* und *Christmas Point*.

Linke Seite: Korallenblock am Tauchspot East of Eden auf den Similan-Inseln

Oben: Filigrane Röhrenwürmer

Unten: Durchblick kaum mehr möglich – Glasfische am Spot Elephant Rock

INDISCHER OZEAN | 89

INDISCHER OZEAN: THAILAND
Surin-Inseln

DIE SURIN-INSELN LIEGEN NAHE AN DER GRENZE ZU BURMA. WIE AUCH DER RICHELIEU ROCK, KO TACHAI UND KO BON ZÄHLEN SIE ZUM „MU KO SURIN NATIONAL PARK". WER HIERHER REIST, ERWARTET VOR ALLEM EINES: GROSSFISCHE.

Noch etwas weiter nördlich als die Similan-Inseln stößt man in der Andamanensee auf die Surin-Inseln. Bereits 1981 wurde auch dieser Archipel, zu dem fünf Inseln und einige Felsformationen zählen, zum Nationalpark erklärt. Die Eilande sind weitestgehend unbewohnt, nur die Parkverwaltung und ein Dorf der Moken, ein südostasiatisches Seenomadenvolk, sorgen für etwas Leben.

Da das Gebiet etwa 200 Kilometer von Phuket und somit zu weit weg für die beliebten 4-Tages-Touren liegt, trifft man weniger Kreuzfahrtschiffe als auf den Similian-Inseln. Wer jedoch den Weg auf sich nimmt, wird mit Tauchplätzen der Spitzenklasse belohnt: Zum Nationalpark zählen obendrein die Reviere *Richelieu Rock*, *Ko Ta Chai* und *Ko Bon*.

Die Hartkorallengärten der Surin-Inseln rechnen Tauchexperten zu den schönsten von ganz Thailand, die Weichkorallen und die Artenvielfalt der Fische sind jedoch nicht ganz so gut wie in der südlicheren Andamanensee. An der Ostküste von Ko Torinla erstreckt sich ein Hartkorallenplateau mit großen Geweihkorallen, welches sich gut zum Schnorcheln eignet. Am *South East Point* der Insel Ko Surin Tai laufen zwei Felsen parallel, in der Strömung patrouillieren Riffhaie, an manchen Stellen können die Taucher Fächerkorallen bewundern. Im interessanten Nahbereich lassen sich Geistermuränen und Muscheln entdecken. Vorsicht gilt vor den Titandrückerfischen, diese verteidigen gegenüber Eindringlingen ihr Revier vehement mit kräftigen Bissen – schon so mancher Taucher hat diese zu spüren bekommen.

Der wohl beliebteste Spot Thailands ist der *Richelieu Rock*. Er wurde erst 2005 in den Park eingegliedert, um die Unterwasserflora und -fauna vor burmesischen Fischern zu schützen. Bei Niedrigwasser schauen die Felsen gerade aus dem Wasser. Einst gab es eine hundertprozentige Garantie für Großfische, doch auch heute noch bestehen gute Chancen, Walhaie, Mantas und Adlerrochen zu sehen. Ständig anzutreffen sind immer noch Barrakudas, Makrelen, getarnte Angler- und Geisterpfeifenfische. Der *Richelieu Rock* ist in jedem Fall ein Platz, an dem man mehrere Abstiege planen sollte.

Die Inseln Ko Bon und Ko Tachai sind bekannt für ihre herrlichen Weichkorallengärten und auch hier kann man mit etwas Glück Walhaie antreffen. Um das 14 bis 35 Meter tiefe Unterwassergebirge vor Ko Tachai herrschen oftmals starke Strömungen. Der mit farbigen Weichkorallen eingekleidete Bergrücken bei Ko Bon am *Pastel-Ridge* liegt noch etwas tiefer und Leopardenhaie sowie Mantas werden häufig gesehen.

Rechte Seite oben: Ein Haarstern auf Planktonfang

Rechte Seite unten: Weichkorallen am Pastel Ridge

Oben: Macht seinem Namen alle Ehre – der Kupferstreifen-Pinzettfisch

Unten: Eine wahrer Gigant – der Walhai

42 FAKTEN

- **Tiefe:** 5–40 m
- **Sichtweite:** 5–25 m
- **Wassertemperatur:** 26–30 °C
- **Beste Jahreszeit:** Okt.–Mai
- **Schwierigkeit:** ■–■■■
- **Artenreichtum Korallen:** ■■■
- **Artenreichtum Fische:** ■■■■
- **Großfische:** ■■■■
- **Wracks:** ■
- **Höhlen:** ■
- **Steilwände:** ■■■■
- **Schnorcheln:** ■■■■

INDISCHER OZEAN: MYANMAR

Myanmar

DIE UNTERWASSERWELT UM DEN MERGUI-ARCHIPEL UND DIE BURMA BANKS PRÄSENTIERT SICH JUNGFRÄULICH UND ABENTEUERLICH, NUR EIN BRUCHTEIL DES WEITEN GEBIETES WURDE BISHER BETAUCHT.

Tauchreisen nach Myanmar (auch unter Burma oder Birma bekannt) haben den Charakter einer Entdeckungsreise. Man unterscheidet zwei Tauchgebiete, die beide im Süden des Landes und im Norden der Andamanensee liegen: den Mergui-Archipel und die Burma Banks.

Der Mergui-Archipel besteht aus über 800 dicht bewaldeten Inseln, von denen nur wenige seit Jahrhunderten von einigen Seenomaden bevölkert sind. Die Moken leben ansonsten zurückgezogen auf Booten und nur vom Fischfang. Myanmar wurde bis 1948 von England aus verwaltet, heute herrscht in der sozialistischen Republik eine Militärdiktatur. Diese hat den Mergui-Archipel erst 1997 als Tauchgebiet geöffnet.

Auf der Insel Macleod befindet sich das einzige Tauchresort des ganzen Archipels. Die meisten Taucher unternehmen deshalb Tauchkreuzfahrten in die Inselwelt. Diese starten entweder in der grenznahen Stadt Kawthaung oder bereits im thailändischen Phuket oder am Tablamu-Pier in Phang-Nga. Doch auch diese müssen wegen der notwendigen Grenzformalitäten immer Kawthaung passieren.

Wie bei vielen Tauchplätzen im Mergui-Archipel gibt es bei *Haa Mile Hin* schöne Steilwände, einen fantastischen Korallenbewuchs und tiefe Canyons. Bekannte Plätze sind zudem *Shark Cave*, wo in einer Schlucht Graue Riffhaie durch Anchovisschwärme schwimmen, oder die *Three Islet*, wo die eleganten Jäger ebenfalls ihre Runden drehen.

43 FAKTEN

- Tiefe: 5–40 m
- Sichtweite: 10–30 m
- Wassertemperatur: 25–29 °C
- Beste Jahreszeit: Nov.–April
- Schwierigkeit: ■■■–■■■■■
- Artenreichtum Korallen: ■■■■
- Artenreichtum Fische: ■■■■
- Großfische: ■■■■
- Wracks: ■
- Höhlen: ■■■
- Steilwände: ■■■■
- Schnorcheln: ■■

Etwa 200 Kilometer nordwestlich von Kawthaung ist der *Black Rock* ein Magnet für verschiedene Haie und Mantas. Jedoch darf nicht verschwiegen werden, dass in der Gegend Haie gejagt wurden und der Archipel erst 2004 zur „Shark Protection Zone" erklärt wurde. Mittlerweile strebt die Regierung sogar einen National- und Marinepark an.

Weiter westlich liegen absolut ungeschützt die Burma Banks, ein farbenfrohes Unterwasserplateau mitten im Nirgendwo. Ein Abstecher hierhin ist äußerst lohnenswert und von thailändischen Basen aus bereits seit etwa 1990 möglich. Das Gebiet war früher ein echter Hit, doch leider wurden die Silberspitzen- und Ammenhaie an der *Silver Tip Bank* stark dezimiert, dafür sind riesige Kartoffelbarsche immer noch gut vertreten. Weitere Plätze der Burma Banks heißen *Big-*, *Rainbow-*, *Roe-* und *Heckford Bank*.

Linke Seite: Kartoffelbarsch an der Silver Tip Bank

Oben: Silberspitzenhai gleitet durch den Indischen Ozean

Mitte: Ammenhai an der Silver Tip Bank

Unten: Großer Stachelrochen am Black Rock

Nördlich von Australien bildet der Indopazifik den Übergang zwischen Indischem Ozean und Westpazifik. In ihm und in seinen Nebenmeeren findet sich die weltweit größte Artenvielfalt an Korallen und Fischen. Inselstaaten wie die Philippinen, Indonesien und Malaysia verfügen über tausende Spots, deren Unterwasserflora und -fauna kein Taucher verpassen sollte.

INDOPAZIFIK

INDOPAZIFIK: INDONESIEN
Raja Ampat

DER ARCHIPEL RAJA AMPAT LIEGT ABSEITS DER ZIVILISATION VOR DER KÜSTE INDONESIENS. DIE GEGEND IST EIN ABSOLUTES TAUCHERPARADIES UND BEHERBERGT DIE INSEL KRI, DIE DEN AKTUELLEN WELTREKORD IN DER ARTENVIELFALT DER FISCHE HÄLT.

Raja Ampat

Rechte Seite: Farbenprächtiges Weichkorallenbukett

Oben: Pygmäenseepferdchen Bargi Banti

Mitte: Manta gleitet durch einen Schwarm Füssiliere

Unten: Fangschreckenkrebs vor der Insel Wai

44 FAKTEN

- **Tiefe:** 2–40 m
- **Sichtweite:** 10–30 m
- **Wassertemperatur:** 27–30 °C
- **Beste Jahreszeit:** Sept.–Feb. und April–Juli
- **Schwierigkeit:** ■–■■■■■
- **Artenreichtum Korallen:** ■■■■■
- **Artenreichtum Fische:** ■■■■■
- **Großfische:** ■■■■
- **Wracks:** ■■■■
- **Höhlen:** ■■■
- **Steilwände:** ■■■■
- **Schnorcheln:** ■■■■

Die Anreise zu den Inseln vor der zu Indonesien gehörenden Provinz Westpapua, die den westlichen Teil Neuguineas ausmacht, ist für die meisten lang – und auf jeden Fall alle Mühen wert. Auf dem Archipel Raja Ampat selbst gibt es nur drei Tauchbasen, doch mehrere Tauchschiffe haben die Spots um die größeren Inseln Waigeo, Batanta, Salawati und Misool (s. Spot Nr. 45) und weitere kleine Eilande westlich von Sorong seit einiger Zeit in ihre Route aufgenommen.

Bereits seit 1990 erkundete der Holländer Max Ammer das Gebiet. Er fand große japanische Schiffswracks und Flugzeuge aus dem Zweiten Weltkrieg, vor allem aber eine einzigartige Fisch- und Korallenwelt. Das Jahr 2001 war ein Glücksjahr für Raja Ampat, denn der Wissenschaftler Dr. Gerald Allen zählte die Fische am Hausriff vor der Insel Kri. Als er auftauchte, stand auf seiner Schreibtafel die Zahl 283 – dies war der neue Weltrekord bei einem einzigen Tauchgang. Zuvor führte die bekannte Milne Bay im östlichen Teil von Papua-Neuguinea mit etwa 200 Arten. Die aktuelle Zahl der verschiedenen Fischarten in Raja Ampat liegt bei 970, die der Hartkorallen bei 565 Spezies, was die Hälfte aller Hartkorallenarten der Welt bedeutet.

Sensationell sind die Mantaplätze bei der im Norden des Archipels gelegenen Insel Mansuar, nahe der Tauchbasis auf Kri, an denen sich die riesigen Teufelsrochen morgens putzen lassen und sich mittags im Fressrausch an der Oberfläche tummeln. Hier ruhen tagsüber seltene Lippenhaie in kleinen Höhlen. Unter einer unscheinbaren Pier auf der Insel Arborek flitzen Millionen glitzernde Ährenfische umher, ein großes Fressen für schnelle Räuber. An *Mike's Point* wurden drei verschiedene Pygmäenseepferdchen entdeckt und unter Tischkorallen stehen verschiedene Arten von Süßlippen. Schnorchler können hier riesige Gorgonien bestaunen, die bereits in drei Metern Tiefe gedeihen.

Besonders außergewöhnlich ist die *Passage* zwischen den Inseln Gam und Waigeo. Bei Flut fährt man durch das grüne Labyrinth der *Blue Water Mangroves* hin, hier liegt die Kinderstube vieler Fische. In der *Passage*, die einem Kanal ähnelt und nur 20 Meter schmal ist, kann es kräftig strömen. Dafür gibt es ein gutes Nahrungsangebot für Weichkorallen, Schwämme, Nacktschnecken und Fische. Hier finden wir den Wobbegong, auch Teppichhai genannt, und am Sandgrund leben verschiedene Gobbies.

Viele Tauchgänge der Region sind Drifttauchgänge und eher für erfahrene Taucher geeignet. Doch für Anfänger gibt es auch ruhigere Spots.

INDOPAZIFIK: INDONESIEN

Misool

IM SÜDEN VON RAJA AMPAT, DEM SPITZENREITER BEZÜGLICH DER BIODIVERSITÄT VON KORALLEN, LIEGT DIE INSEL MISOOL. UM SIE HERUM BEFINDET SICH EIN WAHRES INSEL-LABYRINTH, WELCHES 2007 ZUM MEERESSCHUTZGEBIET ERNANNT WURDE.

In dem riesigen Gebiet um Misool, südwestlich der sogenannten Vogelkopfinsel von Westpapua, ehemals als Irian Jaya bekannt, wimmelt es von hunderten kleinen Inseln. Einige von ihnen tragen keinen Namen und sind nicht einmal auf der zuletzt korrigierten Seekarte eingezeichnet. Das Labyrinth aus Kalkstein und Basalt liegt knapp unterhalb des Äquators und bietet jedem Taucher die Möglichkeit, einen Spot als Erster zu entdecken. Bei Exkursionen stoßen Meeresbiologen immer wieder auf neue Korallenarten.

Die einzigen Touristen im Gebiet um Misool findet man in einem kleinen Tauchresort auf der privaten Insel Batbitim oder auf Kreuzfahrtschiffen. Die meisten Tauchsafaris starten in Sorong an der Westküste Neuguineas. In der Sprache der Biak, die das Gebiet als Erste besiedelten, bedeutet Sorong „Tiefsee", doch die Tiefen um die vielen kleinen vorgelagerten Eilande bei Misool sind eher moderat. Vor pilzköpfigen Inseln mit sattem Grün, Palmen und Orchideen wird in Kanälen und an Steilwänden abgetaucht.

Am Killer Cave ist kein Quadratzentimeter unbesetzt, es herrscht eine Fülle an Farben und Formen und selbst auf der Austauchstufe in drei Metern Tiefe streiten sich meterhohe rote Gorgonien um die besten Plätze. Auch bei *Papua Phanta Sea* drängen sich Fächer-, Blumenkohl- und Peitschenkorallen. Bei der Insel Gamfi findet man winzig kleine Pygmäenseepferdchen. Am Spot *Damfu* fallen die dekorierten

45 FAKTEN

- **Tiefe:** 2–40 m
- **Sichtweite:** 10–30 m
- **Wassertemperatur:** 26–30 °C
- **Beste Jahreszeit:** Okt.–Mai
- **Schwierigkeit:** ■–■■■■■
- **Artenreichtum Korallen:** ■■■■■
- **Artenreichtum Fische:** ■■■■■
- **Großfische:** ■■■
- **Wracks:** ■
- **Höhlen:** ■■■
- **Steilwände:** ■■■■■
- **Schnorcheln:** ■■■■■

Riffe rundherum steil bis in 70 Meter Tiefe ab, die aquatische Bergspitze lockt viele Fische an.

Der Schweizer Edi Frommenwiler erkundet seit 1992 die Gegend mit seinem Schiff „Pindito" und kennt die Unterwasserwelt um Misool wie kein anderer. Unter den über hundert von ihm entdeckten Tauchplätzen sind seine Favoriten *Fiabajet*, eine interessante Untiefe inmitten von Strömungen, und *Vrenelis Gärtli*, wo allerlei Meeresgetier in Höhlen lebt.

Am Tage glänzen die Spots um Misool mit diversen Fächerkorallen, farbigen Nacktschnecken, Füssilieren und Napoleonfischen. Nachttauchgänge lohnen sich besonders, um mit Anemonen oder Korallen getarnte Krabben zu sehen.

Linke Seite: Ein Feuerwerk an Farben – verschiedene Haarsterne

Oben: Traumhafte Korallen übertreffen sich in ihrer Farbenpracht

Unten: Clownfische leben in Symbiose mit Anemonen

INDOPAZIFIK: INDONESIEN

Bandasee

ALS TEIL DES AUSTRALASIATISCHEN MITTELMEERES LIEGT DIE BANDASEE ZWISCHEN SULAWESI, DEN KLEINEN SUNDA-INSELN UND DEN MOLUKKEN. DIE STRÖMUNGSREICHE REGION BIETET VOR ALLEM ERFAHRENEN TAUCHERN ALLES, WAS IHR HERZ BEGEHRT.

Die Bandasee hat etwa eine Dimension von 1200 x 600 Kilometern. In der Mitte des Meeres, das von Kennern wegen seiner Korallenpracht und seinem Fischreichtum gerne betaucht wird, liegt die Inselgruppe Banda. Sie zählt zu den Molukken und war bis Mitte des 19. Jahrhunderts für den Gewürzhandel, insbesondere mit Muskat, bekannt. Spricht man von der Region Banda, werden zudem folgende Inseln dazugezählt: Ambon, Seram, Saparua, Molana, Nusa Laut, Manuk und die Lucipara-Inseln.

Es gibt sowohl stationäre Tauchbasen auf einigen Inseln als auch ein gutes Angebot an Kreuzfahrtschiffen. Wer einen größeren Überblick gewinnen will, sollte eine Schiffstour buchen. Ausgangspunkt für die meisten Tauchreisen ist die Stadt Ambon auf der gleichnamigen Insel.

Unterwasserfotografen und -filmer sind besonders von der Flora und Fauna des Nahbereiches um Ambon und Saparua begeistert. Hier bekommen sie geifernde Geistermuränen, verschiedenfarbige Schaukelfische und Fangschreckenkrebse vor die Linse. Bei Nusa Laut müssen die Objektive für den Weitwinkelbereich gewechselt werden, denn am *Batu Karang* trifft man auf Gorgonienwände, gewaltige Thunfischschwärme sowie einzelne große Hammerhaie.

Am Karam Peketo, einem komplett intakten Riff vor dem Ort Haya auf der Südseite von Seram, wachsen Riesenfächer, Peitschenkorallenfelder und hohe Tonnenschwämme. Schwarze Korallen, hunderte von

46 FAKTEN

- ❖ Tiefe: 2–40 m
- ❖ Sichtweite: 15–40 m
- ❖ Wassertemperatur: 27–30 °C
- ❖ Beste Jahreszeit: Okt.–Dez., März–April
- ❖ Schwierigkeit: ■■■–■■■■■
- ❖ Artenreichtum Korallen: ■■■■■
- ❖ Artenreichtum Fische: ■■■■■
- ❖ Großfische: ■■■■
- ❖ Wracks: ■■
- ❖ Höhlen: ■■■
- ❖ Steilwände: ■■■■■
- ❖ Schnorcheln: ■■■■■

Fledermausfischen, Schildkröten und dickste Zackenbarsche bevölkern den Spitzenplatz *Tempat Susa* am Ostzipfel der Insel. Mit etwas Glück sieht man auf den Sandflächen sogar Rochengruppen.

Die Insel Manuk, die wie ein Stecknadelkopf aus der Tiefsee emporragt, wird nur bei guten Wetterverhältnissen angefahren. Diese auch noch unter den Wellen aktive Vulkaninsel, die in keiner Karte zu finden ist und zum Ring of Fire gehört, wurde durch ihre vielen Seeschlangen und leider auch wegen des häufig praktizierten „Shark Finnings" bekannt.

Der Vulkan der Banda-Insel Api brach zum letzten Mal 1988 aus. An der Stelle, wo der Lavastrom ins Wasser floss, wuchsen innerhalb von zehn Jahren Tischkorallen mit einem Durchmesser von 2,50 Metern – sogar eine neue Art wurde hier im klarsten Wasser entdeckt. Bekannt sind auch die *Kathedrale* mit ihren bis zu sechs Quadratmeter großen Fächerkorallen und die zwei Unterwasserberge *Batu Kapa*, zwischen denen es nur so von Fischen wimmelt.

Linke Seite: Hammerhai steigt aus dem tiefen Blau empor

Oben: Eine giftige Seeschlange in ihrem Versteck

Mitte: Schneckenliebe

Unten: Konusschnecke – Achtung, gefährlich!

INDOPAZIFIK | 101

INDOPAZIFIK: INDONESIEN

Komodo

DIE INSEL GEHÖRT ZU DEN KLEINEN SUNDA-INSELN UND LIEGT IN EINEM NATIONALPARK, DER VON DER UNESCO ALS WELTNATURERBE ANERKANNT IST. DIE UNTERWASSERWELT STELLT EIN AUSSERGEWÖHNLICHES, ABER AUCH ANSPRUCHSVOLLES TAUCHREVIER DAR.

Komodo

Die Insel Komodo trägt ihren Beinamen „Dracheninsel" wegen der hier lebenden bekannten Komodowarane. Der 1980 ursprünglich als Schutzgebiet für Warane gegründete Nationalpark Komodo liegt etwa 500 Kilometer östlich von Bali zwischen Sumbawa und Flores. Er umfasst die drei größeren Inseln Komodo, Rinca und Padar sowie mehrere kleinere Eilande. Die Gesamtfläche des seit 1991 zum Weltnaturerbe zählenden Parks beträgt mittlerweile 1817 Quadratkilometer, davon bilden etwa zwei Drittel den geschützten maritimen Bereich.

Im Gebiet des Nationalparks leben etwa 4000 Einwohner. Die meisten Tauchtouristen kommen heute mit einem Kreuzfahrtschiff von Bali aus. Zudem gibt es im Westen der großen Nachbarinsel Flores eine Tauchbasis, die das Gebiet um Komodo bereits seit 1991 ansteuert. Schon damals waren die Taucher begeistert von der Flora und Fauna um Komodo und Rinca.

Die schier unglaubliche Artenvielfalt und interessante Riffstrukturen verleihen der Unterwasserlandschaft einen First-Class-Status. Neben skurrilen Krebsen und kleineren, sehr interessanten Korallenfischen wie den meisterlich getarnten Anglerfischen, Schluckspechten, giftigen Steinfischen oder den urigen Kalmaren kann auch mit größeren Fischvertretern gerechnet werden.

Heftige Strömungen, die das ganze Jahr über auftreten, wenn die wärmere Floressee auf den etwas kälteren Indischen Ozean trifft, sorgen speziell im Süden von Komodo für ein gutes Nahrungsangebot. So trifft man hier gelegentlich Haie, Mantas, große Schulen von Büffelkopfpapageien, Adlerrochen, Thunfische und selbst Dugongs, Mondfische oder Walhaie an. Der sogenannte Waschmaschineneffekt an einigen Tauchplätzen macht das Gebiet zu einem etwas schwierigeren Revier. Von Tauchern wird Eigenverantwortung erwartet, zumal sich die nächste Dekompressionskammer erst auf Bali befindet.

Neben der Dracheninsel gehört zum taucherischen Pflichtprogramm auch der *GPS Point*, eine Untiefe, an der sich viele Großfische treffen, sowie der *Highway to Hell*, wo rasantes Tauchen garantiert ist. In der Horseshoe Bay auf Rinca gibt es gleich mehrere Topspots, zum Beispiel den weltberühmten *Cannibal Rock* und die *Yellow Wall* mit beeindruckenden Farben. Werden Nachttauchgänge angeboten, sollte man diese nicht versäumen.

Oben links: Traumhafte Riffe vor der Insel Rinca

Oben rechts: Beeindruckende Korallenlandschaft

Links: Augen eines Fangschreckenkrebses

47 FAKTEN

- **Tiefe:** 5–40 m
- **Sichtweite:** 5–30 m
- **Wassertemperatur:** 20–28 °C
- **Beste Jahreszeit:** Nord: April–Okt.; Süd: Okt.–März
- **Schwierigkeit:** ■■■–■■■■■
- **Artenreichtum Korallen:** ■■■■■
- **Artenreichtum Fische:** ■■■■■
- **Großfische:** ■■■■
- **Wracks:** ■
- **Höhlen:** ■■■■
- **Steilwände:** ■■■■■
- **Schnorcheln:** ■■■

INDOPAZIFIK: INDONESIEN

Bali

BEI TAUCHERN IST BALI DIE BELIEBTESTE ALLER INDONESISCHEN INSELN. MIT VERSCHIEDENARTIGSTEN TAUCHSPOTS BEGEISTERT DIE „INSEL DER GÖTTER UND DÄMONEN" SOWOHL ANFÄNGER ALS AUCH PROFIS.

Die westlichste der Kleinen Sunda-Inseln ist wohl die bekannteste Insel Indonesiens. In der südlichen Hauptstadt Denpasar befindet sich ein großer internationaler Flughafen und so werden besonders Touristenzentren wie Kuta, Legian und Sanur im Süden der Insel immer größer, voller und luxuriöser. Fast 100 Tauchbasen gibt es auf Bali, viele Taucherorte liegen etwas abseits und konnten sich glücklicherweise einen gemütlichen Charme bewahren.

Alle Spots rings um die Insel kann man kaum während eines Urlaubs betauchen. Allein um sich einen groben taucherischen Überblick zu verschaffen, benötigt man zwei Wochen – vorausgesetzt, man nimmt weite Anfahrtswege oder Hotelumzüge in Kauf. Überall auf der Insel begleitet einen die betörende Duftmischung aus Blüten, Räucherstäbchen und Nelkenzigaretten – bis zu dem Augenblick, wenn man den Lungenautomaten in den Mund nimmt und unter Wasser nur noch gefilterte Luft atmen kann.

Im Nordwesten von Bali liegt direkt gegenüber von Java der Naturhafen und Tauchplatz *Secret Bay*. Wenn Dämonen im Wasser wohnen, wie die Balinesen glauben, dann hier. Schön schaurig zeigen sich Angler-, Geisterpfeifen- und Steinfische, Drachenköpfe und viele mehr vor der Tauchermaske. Noch etwas nördlicher liegt inmitten eines Naturschutzparks die Insel Menjangan: Fast alle Riffe haben Steilwände, zeigen einen immensen Fischreichtum und sind dicht mit Korallen, Schwämmen und Gorgonien bewachsen. Sie

48 FAKTEN

- **Tiefe:** 5–40 m
- **Sichtweite:** 10–40 m
- **Wassertemperatur:** 23–30 °C
- **Beste Jahreszeit:** April–Nov.
- **Schwierigkeit:** ■–■■■■■
- **Artenreichtum Korallen:** ■■■■
- **Artenreichtum Fische:** ■■■■
- **Großfische:** ■■■■
- **Wracks:** ■■■
- **Höhlen:** ■■■
- **Steilwände:** ■■■■■
- **Schnorcheln:** ■■■■

gelten als die besten der ganzen Insel und haben zudem die größten Sichtweiten.

In Lovina an der Nordküste sind gleich mehrere Tauchbasen stationiert, weiter östlich wird es dann wieder ruhiger. Als Geheimtipp gilt bis heute das Tauchresort Alam Anda mit seinem schönen und einfach zu betauchenden Hausriff. Jedem Tauchführer ist das nicht weit entfernt liegende Wrack der „Liberty" in Tulamben bestens bekannt, auf dessen 120 Metern Länge der Artenreichtum des Indopazifiks gut vertreten ist.

Im Osten von Bali werden häufig die Riffe um Amed besucht. Vor Candidasa liegen die oft heftig umströmten Inseln Tepekong und Gili Mimpang, wo es Aussicht auf Haie und Mondfische gibt. Diese zeigen sich auch rund um die Inseln Nusa Lembongan und Nusa Penida. Je nach Saison kommen hier sogar Mantas, die sanften Riesen der Meere, vorbei. Angelockt werden sie durch den für gute Nahrung sorgenden großen Gezeitenstrom im tiefen Graben der Lombok Strait, die Bali vom Asiatischen Kontinentalschelf trennt.

Linke Seite: Blick durch das Bullauge der „Liberty"

Oben: Leierfisch – gut getarnt

Mitte: Neugierige Korallenwelse

Unten: Winziger Bobtail-Kalmar in schillernden Farben

INDOPAZIFIK | 105

INDOPAZIFIK: INDONESIEN
Maratua-Atoll

VOR DER OSTKÜSTE VON KALIMANTAN, DEM INDONESISCHEN TEIL BORNEOS, LIEGT DAS MARATUA-ATOLL. SEIT 2001 GIBT ES AUF DER INSEL NABUCCO EIN ÖKO-TAUCHRESORT, HIER UND VOR DEN UMLIEGENDEN INSELN FINDEN SICH WUNDERSCHÖNE TAUCHPLÄTZE.

Maratua-Atoll

Nach der Landung in Balikpapan im Süden Borneos folgt ein Weiterflug nach Berau und ein anschließender dreistündiger Bootstransfer – und „schon" ist man im Taucherparadies des Maratua-Atolls. Um Maratua, die größte Insel des Atolls, und ihre riesige Lagune fällt die Celebessee stellenweise bis 2000 Meter tief ab. Im Osten der Lagune liegen einige kleine Inseln, eine davon ist Nabucco. Ihr indonesischer Name Pulau Papahanan bedeutet „Insel der Korallen".

Das Nabucco Island Resort zeigt, dass ökologisches Bewusstsein und Luxus bestens zusammenpassen: Man wohnt in komfortablen Wasserbungalows im landestypischen Baustil, die nach den Vorgaben der Natur errichtet wurden, ohne dass dabei eine einzige Palme gefällt werden musste. Es gibt eine umweltverträgliche Abwasserentsorgung, eine eigene Süßwasseraufbereitung und Warmwasser wird durch Solarenergie gewonnen.

Zwischen Nabucco und Maratua liegen einige interessante Kanäle, in denen häufig extremes Strömungstauchen praktiziert wird. Riesige Schwärme mit hunderten von Barrakudas und andere Großfische findet man im nahrungsreichen Kanal *Big Fish Country*.

An den etlichen, schnell zu erreichenden Tauchspots rund um das Atoll trifft man in Höhlen fast immer große Ammenhaie und Weißspitzenhaie an, mit etwas Glück sieht man sogar Graue Riffhaie, Leoparden- oder Fuchshaie. Makrelen und Thunfische jagen permanent vor den korallenbewachsenen Steilwänden und fast überall sind große, zutrauliche Schildkröten zu beobachten. Die Umgebung des Atolls hat zudem im Makrobereich einiges zu bieten: Angler-, Skorpions- und Mandarinfische leben hier ebenso wie Nacktschnecken.

Ein toller Ausflug lässt sich zur Insel Sangalaki unternehmen, die etwa eine Stunde Bootsfahrt entfernt liegt. Weltweit geschätzt werden das hiesige Mantaaufkommen, die Korallenwelt und die Schildkröten, welche die Insel zur Eiablage aufsuchen. Mantas können fast das ganze Jahr beobachtet werden. Sie verraten sich durch ihre Flügelspitzen an der Wasseroberfläche und manche Taucher berichten, über 80 Tiere bei nur einem Tauchgang gezählt zu haben. Auch das Schnorcheln mit den „Adlern der Meere" ist hier möglich und ein wahrer Hochgenuss.

Im Jahr 2008 wurde ein weiteres Öko-Resort auf der Insel Nunukan am südlichen Zipfel des Maratua-Atolls eröffnet. Tauchgänge sind gleich am Hausriff, einer über 45 Meter tiefen Steilwand, möglich. Außerdem können von hier die Spots um Nabucco betaucht werden oder man macht sich auf zu den noch unerkundeten Gebieten der weiten Region.

Rechte Seite oben: Manta vor Sangalakki

Rechte Seite unten: Auf Tuchfühlung mit einer Schildkröte

Unten: Unzählige Barrakudas formieren sich

49 FAKTEN

- **Tiefe:** 5–45 m
- **Sichtweite:** 5–30 m
- **Wassertemperatur:** 27–30 °C
- **Beste Jahreszeit:** April–Okt.
- **Schwierigkeit:** ■□□□□
- **Artenreichtum Korallen:** ■■■■
- **Artenreichtum Fische:** ■■■■
- **Großfische:** ■■■■
- **Wracks:** –
- **Höhlen:** ■■■
- **Steilwände:** ■■■■■
- **Schnorcheln:** ■■■

INDOPAZIFIK: INDONESIEN

Kakaban

AUF DER INSEL LIEGT EIN GEOLOGISCHES UND BIOLOGISCHES KLEINOD: EIN FÜNF QUADRATKILOMETER GROSSER QUALLENSEE, DER LEICHT SALZHALTIG IST, ABER KEINE DIREKTE VERBINDUNG ZUM MEER HAT. HIER ZU TAUCHEN, IST EIN EINZIGARTIGES ERLEBNIS.

In der Celebessee liegt vor der Ostküste Borneos zwischen den Inseln Maratura und Sangalaki die unbewohnte Insel Kakaban. Die Riffe rundherum sind leider teilweise lädiert, doch am strömungsreichen *Barrakuda Point* vor der Südwestspitze sind Großfischbegegnungen, zum Beispiel mit prachtvollen Leopardenhaien, möglich.

Doch die meisten Taucher kommen wegen eines ganz anderen Tauchplatzes nach Kakaban. In der Mitte der Insel gibt es einen etwa 10 000 Jahre alten See voller Quallen. Der Jellyfish Lake ist im Holozän, der jüngsten geologischen Epoche der Erdgeschichte, entstanden, als die Insel sich gehoben hat. Der vom Meer abgetrennte, leicht salzhaltige Brackwassersee nimmt heute 70 Prozent des Eilandes ein. Da der Pegelstand des Sees den Gezeiten unterliegt, vermuten Wissenschaftler, dass ein Wasseraustausch über den Seeboden mit dem Meer stattfindet. Die geringe Salinität reicht jedoch nicht aus, um die Artenvielfalt marinen Lebens zu erhalten. Man geht davon aus, dass lebenswichtige Nährstoffe im See gebildet und auch recycelt werden.

Von der Küste ist der See in einem etwa zehnminütigen Fußmarsch zu erreichen. Holztreppen und Stege führen über den Inselrücken, einen etwa 300 Meter breiten und 50 Meter hohen bizarren Riffsaum, und durch den Dschungel. Wer will, kann sogar mit Tauchgerät tauchen, doch auch nur mit Maske, Flossen und Schnorchel ist man bestens bedient. Denn die schönsten Szenen spielen sich direkt unter der Wasseroberfläche ab.

Im Laufe der Jahrtausende hat sich ein einmaliges Ökosystem entwickelt und man kann Tiere und Pflanzen beobachten, die normalerweise nur in Flussmündungen vorkommen. Die Hauptattraktion sind tausende, nicht nesselnde Quallen. Vier verschiedene Quallenarten leben auf Kakaban, einige schwimmen nahe der Oberfläche und richten sich nach der Sonne, andere liegen mit der Schirmöffnung nach oben auf dem von Algen überzogenen Seeboden. Große natürliche Feinde haben sie hier nicht, nur für kleine Anemonen sind sie eine neue Nahrungsquelle: Diese erbeuten die erheblich größeren Quallen. Schnorchler und Taucher müssen sich sehr vorsichtig im Quallensee fortbewegen, damit sie die gallertartigen Tiere nicht verletzen.

Eine weitere Sensation sind die verzaubernden Stimmungen der Unterwasserlandschaft am Ufer des Sees. Unter den Mangroven entwickelten sich viele verschiedene Schwämme – die Farbtupfer im grünlichen See. In ihm leben neben acht verschiedenen Fischarten auch Seegurken und Nacktschnecken. Mit etwas Glück entdeckt man sogar tauchende Warane in diesem echten Naturwunder.

Rechte Seite oben: Verschiedene Schwämme auf einer Mangrovenwurzel

Rechte Seite unten: Nicht nesselnde Quallen

Unten links: Giftige Seeschlange mit Schnorchlerin im Jellyfish Lake

Unten rechts: Mit viel Glück kann man Warane sehen – hier holt er nach dem Tauchgang Luft

50 FAKTEN

- **Tiefe:** 0–17 m
- **Sichtweite:** 8–15 m
- **Wassertemperatur:** 27–30 °C
- **Beste Jahreszeit:** April–Okt.
- **Schwierigkeit:** ■
- **Artenreichtum Korallen:** –
- **Artenreichtum Fische:** ■■
- **Großfische:** –
- **Wracks:** –
- **Höhlen:** –
- **Steilwände:** –
- **Schnorcheln:** ■■■■■

INDOPAZIFIK: INDONESIEN

Südsulawesi

RUND UM DIE INSEL SULAWESI GIBT ES VIELE BESONDERE TAUCHSPOTS. SÜDLICH LIEGEN DIE HIGHLIGHTS VOR DEN INSELN SELAYAR IN DER CELEBESSEE UND TOMIA IN DER BANDASEE. AUF BEIDEN INSELN FINDEN SICH VORBILDLICHE ÖKO-TAUCHRESORTS.

Südsulawesi

Die indonesische Insel Sulawesi, ehemals Celebes, liegt zwischen Borneo und Neuguinea. Südlich von ihr findet sich die Insel Selayar, auf deren Ostseite an einem herrlichen einsamen Strand das Selayar Dive Resort gebaut wurde. Der Betreiber hat sich dem Öko-Tourismus verpflichtet und dafür eingesetzt, dass die Unterwasserwelt vor seinem Resort unter Naturschutz gestellt wird. Seit der Gründung des Marineparks im Jahr 2000 hat sich der Fischbestand deutlich vergrößert. Auch wenn die Insel unter Tauchern schon bekannt ist, ist hier noch individuelles Tauchen ohne Massen möglich. Der Grund dafür ist wohl die längere Anreise ab dem Flughafen in Makassar auf Sulawesi per PKW und Boot oder Kleinflugzeug.

Das Resort verfügt über ein langes, intaktes Hausriff, an dem man jederzeit auf eigene Faust abtauchen kann. Zur Riffkante des Saumriffes gelangt man über einen langen Steg oder man taucht etwa 100 Meter durch einen abwechslungsreichen Korallengarten, der auch Schnorchler begeistert. Vor dem Resort gibt es einen Tauchplatz neben dem anderen, eine genaue Abgrenzung fällt schwer. Der Paradeplatz heißt *Sharkpoint* und liegt etwa zehn Minuten mit dem Boot entfernt. Hier können bei Strömung verschiedene größere Jäger an einem faszinierenden Riff gesichtet werden.

Etwa 400 Kilometer entfernt liegt im Südosten von Sulawesi der Tukang-Besi-Archipel. Auf der kleinen Insel Onemobaa vor Tomia befindet sich das weltweit bekannte Wakatobi Dive Resort, welches sich den

51 FAKTEN

- **Tiefe:** 2–50 m
- **Sichtweite:** 15–40 m
- **Wassertemperatur:** 25–29 °C
- **Beste Jahreszeit:** April–Juni, Sep.–Nov. Selayar: Mai–Okt. geschlossen
- **Schwierigkeit:** ■–■■■■■
- **Artenreichtum Korallen:** ■■■■■
- **Artenreichtum Fische:** ■■■■■
- **Großfische:** ■■■■
- **Wracks:** ■
- **Höhlen:** ■■■■
- **Steilwände:** ■■■■■
- **Schnorcheln:** ■■■■■

Schutz der Umwelt und die Einbindung der Bevölkerung auf die Fahnen geschrieben hat. Zu erreichen ist es von Bali in 2,5 Flugstunden – das Resort verfügt nämlich über einen eigenen Flugplatz. Dank intensiver Bemühungen der Resortleitung wurde die ganze Region zu einem Meeresschutzgebiet erklärt, um das sich nachhaltig gekümmert wird. So bietet Wakatobi höchste Artenvielfalt in einem intakten Ökosystem und damit verbunden unvergessliche Taucherlebnisse.

Die Tauchplätze und die nahezu unberührten Riffe ringsherum gehören zur absoluten Weltklasse. Das Hausriff besticht mit seiner Korallen- und Fischpracht und wurde bereits mehrmals zu den besten der Welt gekürt. In der unmittelbaren Nachbarschaft des komfortablen Tauchresorts sind weitere 43 traumhafte Spots aufgeführt. Empfehlenswert sind besonders die Plätze *Roma, Magnifica, Teluk, Maya, Blade, Fan 38* oder auch *Pinki's Wall*, die allesamt durch ihre prächtigen Korallen bestechen. Für weiter entfernte Exkursionen steht ein luxuriöses Liveaboard zur Verfügung.

Linke Seite: Herrliche Steilwände mit eindrucksvollen Gorgonien

Oben: Das bekannte „Fenster" am Hausriff von Wakatobi

Unten: Großer Anglerfisch auf der Lauer

INDOPAZIFIK: INDONESIEN

Nordsulawesi

DIE BESTEN TAUCHSPOTS IM NORDEN SULAWESIS LIEGEN UM DIE STADT MANADO, IM BUNAKEN-NATIONALPARK UND IM BANGKA-ARCHIPEL. DIE LEMBEH STRAIT WURDE FÜR DAS HIER PRAKTIZIERTE „MUCKDIVING" WELTBEKANNT.

Die Hauptstadt der Provinz Nordsulawesi ist Manado. Nördlich und südlich gibt es etliche schmucke Tauchresorts, die fast alle spannende Hausriffe zu bieten haben. Insbesondere der Nahbereich begeistert die Taucher.

In der Bucht von Manado liegen die Inseln Nain, Montehage, Manado Tua, Siladen und Bunaken, die alle zum Bunaken-Nationalpark gehören. Dieser wurde 1989 gegründet und besteht zu 97 Prozent aus Wasser. Das Gebiet hat neben Bereichen für Fischer und Taucher auch Ruhezonen, in denen sich Flora und Fauna erholen können. Mit dem Eintrittsgeld werden die laufende Unterhaltung, Kontrollen und auch die Bewohner finanziert, da sie nur noch bedingt fischen dürfen. Um Bunaken sind über ein Dutzend Tauchplätze markiert, darunter viele schön bewachsene Steilwände, an denen Strömungstauchgänge möglich sind.

Steil bergab geht es um Siladen und um den ruhenden Vulkan Manado Tua, der für viel Schwarmfisch bekannt ist. Montehage ist von einem großen Flachwassergebiet umgeben, die Insel Nain wird wegen einiger Unfälle in größeren Tiefen nur noch erfahrenen Tauchern angeboten.

Alle Basen der Nordregion bieten Trips an die Nordspitze Sulawesis an. Um die Inseln Bangka und Gangga, auf denen es auch bekannte Tauchresorts gibt, liegen die Inseln Talisei, Kinabohutan, Tindila und Tamperong, auf denen sich noch heute kleine Fischerdörfer befinden. Die Fischwelt in dieser Ge-

52 FAKTEN

- **Tiefe:** 1–40 m
- **Sichtweite:** 15–45 m; Lembeh: 8–25 m
- **Wassertemperatur:** 26–30 °C; Lembeh: 22–29 °C
- **Beste Jahreszeit:** Manado & Bunaken: März–Nov.; Bangka: März–Juni; Lembeh: Aug.–Okt.
- **Schwierigkeit:** ■–■■■■■
- **Artenreichtum Korallen:** ■■■■■
- **Artenreichtum Fische:** ■■■■■
- **Großfische:** ■■■
- **Wracks:** ■■■
- **Höhlen:** ■■■
- **Steilwände:** ■■■■■
- **Schnorcheln:** ■■■■■

gend wird besonders durch die oft heftigen Strömungen angezogen. Beeindruckend sind die einmaligen Weichkorallengärten in allen Farben und viele verschiedene Nacktschnecken.

Die zwischen der Stadt Bitung und der vorgelagerten Insel Lembeh liegende Lembeh Strait ist ein Makroparadies und bekannt für „Muckdiving", was übersetzt Schlammtauchen bedeutet und auch um Manado angeboten wird. Immer mehr Taucher aus der ganzen Welt reisen hierher, um im dunklen Sand nach versteckten kleinen Lebewesen zu suchen: skurrile und bizarre Gestalten, die so gut getarnt sind, dass sie meist erst auf den zweiten Blick zu entdecken sind. Korallengärten gibt es auch, nur Großfische trifft man eher selten.

Linke Seite: Gehört zu den giftigen Skorpionsfischen – der Zebra-Zwergfeuerfisch

Oben: Bizarre Geisterfetzenfische

Unten: Gut getarnte Korallenkrabbe

INDOPAZIFIK: INDONESIEN

Sangihe-Inseln

AUS DER TIEFSEE ZWISCHEN NORDSULAWESI UND DEN PHILIPPINEN ERHEBEN SICH ETWA 50 TROPISCHE VULKANINSELN, DIE SANGIHE-INSELN. UNTER WASSER GIBT ES HERRLICHE HARTKORALLEN, RIESENSCHWÄMME UND SOGAR EINEN AKTIVEN VULKAN.

Die Landschaft über Wasser ist beeindruckend: kleine üppig bewachsene Inseln mit hohen, tropischen Regenwäldern, dazwischen noch heute aktive Vulkane. Die Sangihe-Inseln zählen zum Pazifischen Feuerring, dem sogenannten Ring of Fire, und können nur bei Kreuzfahrten betaucht werden.

Als Erster erkundete 1992 der indonesische Tauchpionier Dr. Han Batuna dieses Revier. Er berichtete von dem Unterwasservulkan vor der Insel Mahangetan, der aus 800 Metern Tiefe bis knapp unter die Oberfläche ragt. Der Tauchspot ist durch seine aufsteigenden und nach Schwefel riechenden Luftblasen gut zu finden. Die Szenerie unter Wasser wirkt gespenstisch und ähnelt einer Mondlandschaft. Durch das gelblich trübe Wasser kämpfen sich nur mit Mühe die Sonnenstrahlen hindurch und der dunkelbraune Sand um die Millionen aufsteigenden Blasen ist heiß.

Erst weiter entfernt findet man wieder Leben: riesige Schwämme, schwarze Gorgonien und erste Fische. An anderen Plätzen des Archipels gedeihen an Hängen und Wänden große Hartkorallen und farbige Weichkorallen. Viele Stellen sind noch unbekannt und warten auf ihre Entdecker!

Oben: Ununterbrochen steigen Blasen von dem Unterwasservulkan auf

Unten links: Neonfahnenbarsch

Unten rechts: Bunte Schwämme

53 FAKTEN

- **Tiefe:** 5–40 m
- **Sichtweite:** 10–35 m
- **Wassertemperatur:** 26–30 °C
- **Beste Jahreszeit:** März–Juni
- **Schwierigkeit:** ■■■
- **Artenreichtum Korallen:** ■■■■
- **Artenreichtum Fische:** ■■■■
- **Großfische:** ■■■
- **Wracks:** ■■
- **Höhlen:** ■■■
- **Steilwände:** ■■■
- **Schnorcheln:** ■■■■

INDOPAZIFIK: MALAYSIA

Sipadan

DIE KLEINE INSEL ÖSTLICH VON BORNEO GILT ALS BELIEBTESTES TAUCHZIEL MALAYSIAS UND ZÄHLT ZU DEN BESTEN SPOTS DER WELT. WEGEN IHRER SCHILDKRÖTEN UND DER AUSSERGEWÖHNLICHEN ARTENVIELFALT WURDE SIE 2004 UNTER SCHUTZ GESTELLT.

● Sipadan

Bis Ende 2004 gab es auf der Insel mehrere Tauchresorts, doch Naturschützer klagten lange mit Recht über zu viele Taucher. Getaucht werden darf um die Insel mit ihren wunderschön bewachsenen und strömungsreichen Steilwänden weiterhin, doch nur in begrenzter Anzahl. Wohnen muss man heute auf den Nachbarinseln Mabul oder Kapalai, die für ihre exzellente Makrowelt hoch angesehen sind.

Sipadan ragt in der Sulusee aus 800 Metern Tiefe senkrecht in Form eines riesigen Pilzes nach oben, dessen Hut die Insel und die Krempe das umlaufende Saumriff sind.

Um die Insel gibt es ein Dutzend Spots und die Liste der hiesigen Attraktionen ist beeindruckend: riesige Schulen von kreisenden Barrakudas, Makrelen und imposanten Büffelkopfpapageienfischen, am Boden liegende Weißspitzenhaie, das Eiland umrundende Graue Riffhaie und hunderte Schildkröten. Sie sind das Markenzeichen und haben Sipadan weltweit in Taucherkreisen bekannt gemacht.

Oben links: Schildkröte taucht ab
Oben rechts: Makrelenschwarm im Gegenlicht
Unten: Haarsterne in der Sulusee

54 FAKTEN

❖ **Tiefe:** 5–40 m
❖ **Sichtweite:** 10–35 m
❖ **Wassertemperatur:** 27–30 °C
❖ **Beste Jahreszeit:** März–Okt.
❖ **Schwierigkeit:** ■■■–■■■■■
❖ **Artenreichtum Korallen:** ■■■■
❖ **Artenreichtum Fische:** ■■■■■
❖ **Großfische:** ■■■■
❖ **Wracks:** –
❖ **Höhlen:** ■■■
❖ **Steilwände:** ■■■■■
❖ **Schnorcheln:** ■

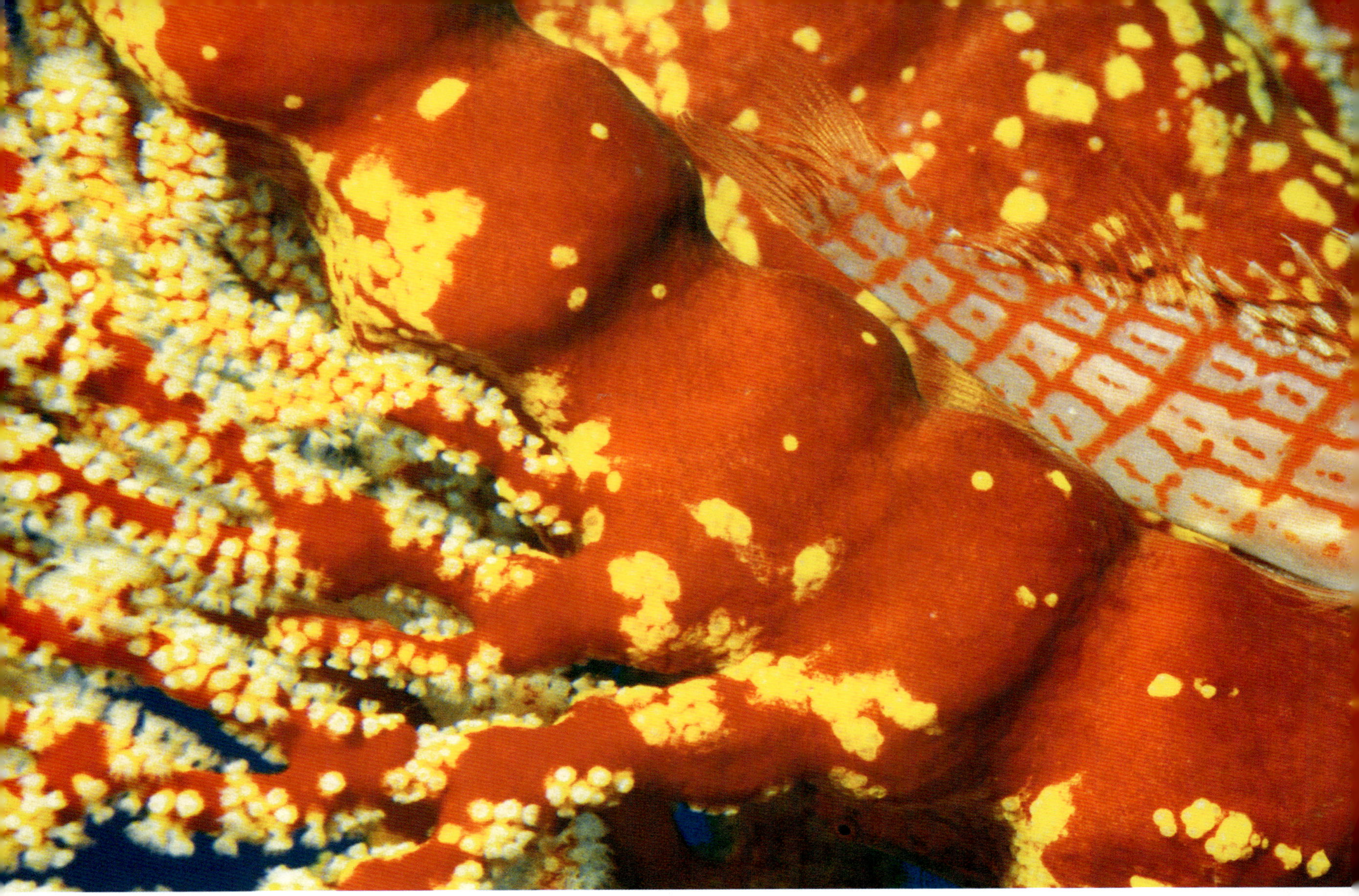

INDOPAZIFIK: PHILIPPINEN
Tubbataha-Riffe

DAS GRÖSSTE KORALLENRIFF DER PHILIPPINEN BESTEHT AUS ZWEI ATOLLEN MIT INSGESAMT 70 KILOMETERN STEILWÄNDEN UNTER WASSER. ES LIEGT IM „KORALLENDREIECK" UND GEHÖRT ZUM UNESCO-WELTNATURERBE.

Die Philippinen zählen 7107 Inseln und besitzen dazu ein taucherisches Juwel: die Tubbataha-Riffe in der fast eingeschlossenen Sulusee. Die Nordinsel von Tubbataha liegt 182 Kilometer südöstlich von Puerto Princesa, der Hauptstadt der Provinz Palawan und Ausgangshafen für die Kreuzfahrten zu den Riffen. Diese finden aufgrund der ansonsten schwierigen Wetterverhältnisse nur zwischen den Monaten März und Juni statt, wenn die Sulusee relativ ruhig ist.

1988 wurden die zwei Atolle zum Tubbataha Reef National Park und 1993 zum Weltnaturerbe der UNESCO erklärt. Somit ist das kommerzielle Fischen verboten, was genau wie der laufende Tauchbetrieb der Liveaboards von einer Rangerstation überwacht wird. Das Riffsystem bildet die obere Spitze des sogenannten Korallendreiecks, dem Gebiet mit der größten Korallen-Artenvielfalt der Welt. Dieses reicht westlich bis nach Borneo und im Osten bis nach Neuguinea.

Das Nord- und das Südatoll werden durch einen sieben Kilometer breiten Kanal getrennt. Tubbataha bedeutet übersetzt etwa „langes Riff, das bei Ebbe hervortritt", und tatsächlich ist es so, dass zahlreiche Sandbänke und Riffe bei Flut nicht sichtbar sind. Unter Wasser wimmelt es nur so von Fischen, und Unmengen von Korallen und Schwämmen sorgen für eine faszinierende Farbenvielfalt. Und dies, obwohl bis Anfang der 1990er-Jahre durch illegale Fangmethoden mit

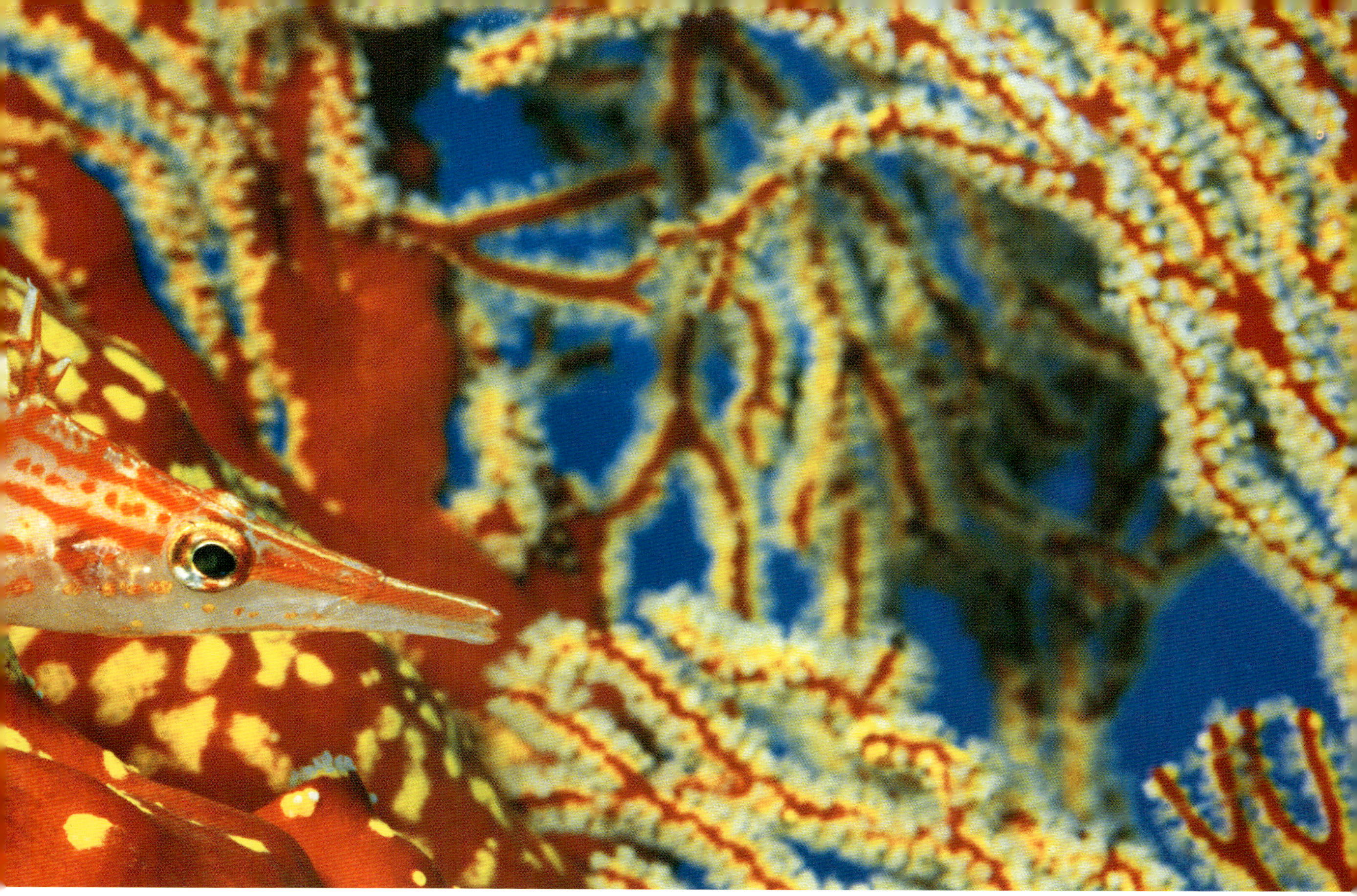

Dynamit und Cyanid sowie Schleppnetze deutliche Schäden verursacht wurden. Die leicht abfallenden Riffe, die stellenweise nur aus Korallenschutt bestanden, befinden sich nun in der Erholungsphase. Die gigantischen Steilwände in größeren Tiefen haben keine Schäden davongetragen.

Die exponierten Ecken der Riffe mit Überhängen, Schluchten, Grotten und Höhlen sind ein wahrer Nervenkitzel. Man begegnet etlichen Haiarten, Geigenrochen, Barrakudas, Makrelen, Thunfischen, Schildkröten und ab und zu sogar Mantas und Delfinen. Dazu kommen unzählige kleinere Rifffische inmitten einer grandiosen Korallenlandschaft.

Die Atolle sind nicht nur wegen ihrer Abgeschiedenheit nur erfahrenen Tauchern zu empfehlen, sondern auch wegen der plötzlich aufkommenden Strömungen und tiefen Steilwände, die absolut perfektes Tarieren erfordern.

Oben: Perfektes „Haus" für den Langnasenbüschelbarsch

Links: Riesige Fächerkorallen wachsen an den Steilwänden am Tubbataha-Riff

55 FAKTEN

- **Tiefe:** 2–60 m
- **Sichtweite:** 15–45 m
- **Wassertemperatur:** 26–29 °C
- **Beste Jahreszeit:** März–Juni
- **Schwierigkeit:** ■■■–■■■■■
- **Artenreichtum Korallen:** ■■■■
- **Artenreichtum Fische:** ■■■■
- **Großfische:** ■■■■
- **Wracks:** ■
- **Höhlen:** ■■■■
- **Steilwände:** ■■■■■
- **Schnorcheln:** ■■■

INDOPAZIFIK

INDOPAZIFIK: PHILIPPINEN

Dauin

DER KLEINE ORT AUF DER INSEL NEGROS WIRD DANK ETLICHER MARINEPARKS IMMER BELIEBTER. ALS SPEZIALITÄT GILT UNTER TAUCHERN AUCH „MUCKDIVING", DAS SUCHEN NACH MARITIMEN TARNKÜNSTLERN IM SCHWARZEN VULKANSAND.

Negros ist die viertgrößte Insel der Philippinen und zählt wie die bekannten Tauchreviere Cebu, Bohol, Leyte, Palawan, Panay und Samar zu den Visayas, einer der drei Inselgruppen, die den Staat bilden. Dauin liegt im Süden der Insel, unterhalb der Bezirkshauptstadt Dumaguete.

Die Resorts verfügen alle über Hausriffe und zusätzlich wurden mit amtlicher Genehmigung künstliche Riffe wie ausrangierte Autos, Schiffe, Reifen oder Fässer installiert. Hier kann man auf eigene Faust tauchen und die interessante Unterwasserwelt bestaunen, die die neuen Gegenstände schnell als Behausung angenommen hat.

An vielen Plätzen können Taucher beim Muckdiving verschiedene gut getarnte Skorpions-, Geisterfetzen- und Anglerfische, seltene Oktopusse, Seepferdchen, Aale, rare Nacktschnecken und viele weitere skurrile Zeitgenossen entdecken.

Die Tauchresorts um Dauin werden – auch wegen ihres guten Preis-Leistungs-Verhältnisses – immer beliebter und entlang der schwarzen Sandküste entstehen immer mehr Hotelanlagen. Dies liegt nicht zuletzt an den von der Ortsverwaltung gegründeten Marineparks, den sogenannten Sanctuaries. In diesen Zonen ist das Fischen verboten und somit ziehen die früher fischarmen und unpopulären Sandküsten nun allerlei Fische an und sind ein erfolgreicher Kindergarten der Unterwasserwelt.

56 FAKTEN

- **Tiefe:** 1–30 m
- **Sichtweite:** 10–30 m
- **Wassertemperatur:** 26–31 °C
- **Beste Jahreszeit:** Nov.–Juni
- **Schwierigkeit:** ■–■■■
- **Artenreichtum Korallen:** ■■■–■■■■■
- **Artenreichtum Fische:** ■■■■
- **Großfische:** ■■
- **Wracks:** ■■
- **Höhlen:** –
- **Steilwände:** – (Siquior/Apo Island: ■■■■)
- **Schnorcheln:** ■■■–■■■■

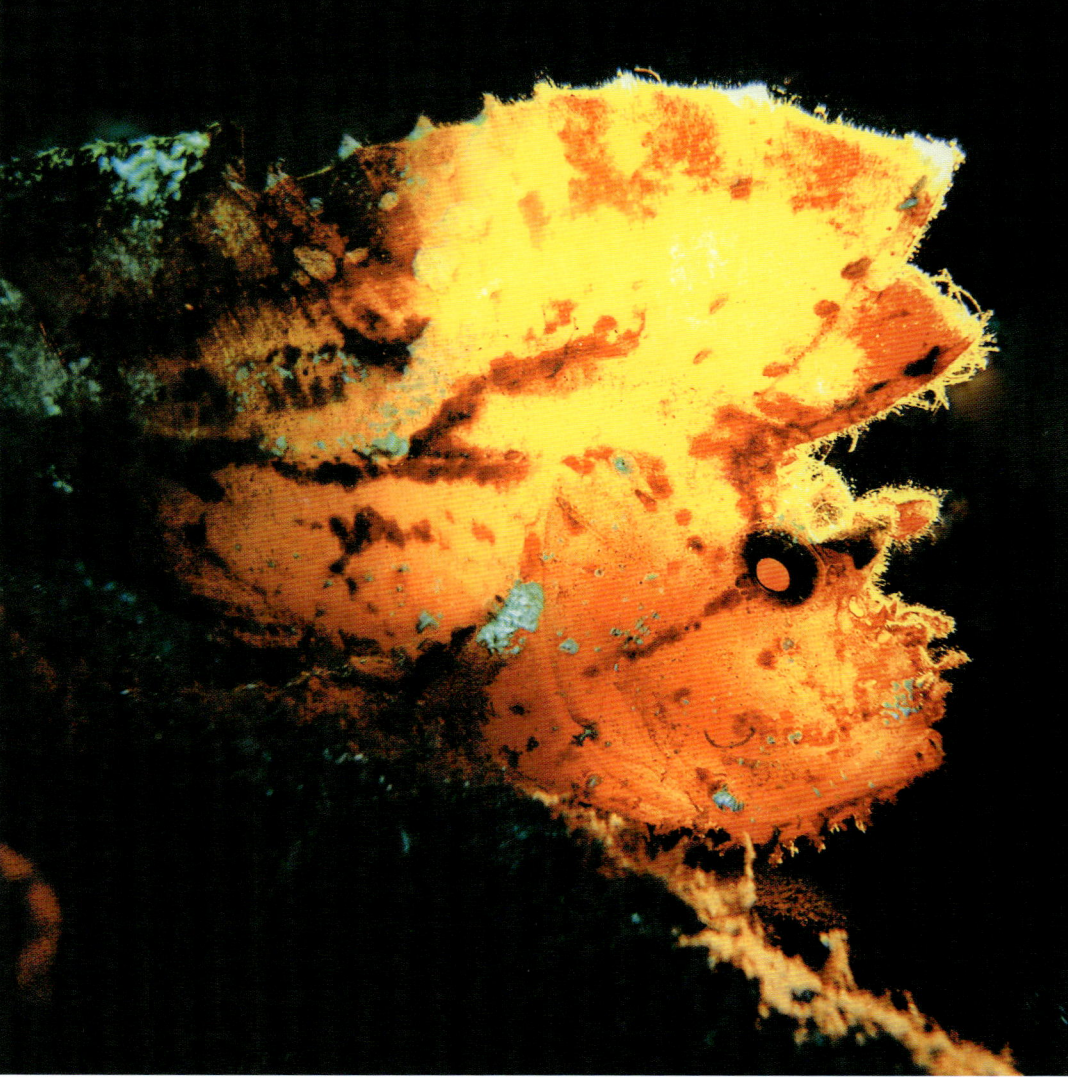

Die nahe liegenden Marineparks *Dauin Sanctuaries* und *Masapiod Sanctuaries* erreicht man schnell mit Booten. Sie stecken voller Leben und eignen sich bestens als Fotostudio für Unterwasserfotografen. Selten sieht man so viele und verschiedene Meeresbewohner bei nur einem Tauchgang. Außergewöhnlich ist die *Ducomi Pier* in Bacong: An den mit schönen Schwämmen und Korallen bewachsenen Pfeilern der Pier und zwischen Unrat am Boden entdeckt man seltene Fische und kleine Krebse.

Wer bunte Korallenriffe liebt, kann Tagestrips zur Insel Siquior oder zum Marinepark *Apo Island* unternehmen. Auf beiden Inseln gibt es Tauchbasen und viele gute Spots, die über die Grenzen hinaus bekannt sind.

Aufgrund seiner zentralen Lage im Archipel ist Dauin auch Ausgangspunkt für die vom Tauchbasenverbund „Sea-Explorers" organisierten, mehrtägigen „Island-Hopping"-Tauchsafaris auf andere Inseln. Mit Bangkas, den landestypischen Auslegerbooten, gelangt man so zu den besten Plätzen anderer Reviere. Ein Erlebnis, bei dem unter wie über Wasser für alles gesorgt ist, die Tauchausrüstungen bleiben immer an Bord, für Übernachtungen und Mahlzeiten stehen Hotels zur Verfügung.

Linke Seite: Partnergarnelen leben zwischen den Stacheln des Feuerseeigels

Oben: Fast durchsichtiger Schaukelfisch perfekt in Szene gesetzt

Unten: Der giftige Teufelsfisch vergräbt sich gerne im Sand

INDOPAZIFIK: PHILIPPINEN

Moalboal

DIE INSEL CEBU IST UNTER TAUCHERN SCHON LANGE EIN FESTER BEGRIFF. DAS HERZ DES TAUCHSPORTS SCHLÄGT IN MOALBOAL AN DER WESTKÜSTE UND BESONDERS VOR DER GRANDIOSEN KORALLENINSEL PESCADOR.

Moalboal

Rechte Seite: Üppig bewachsenen Steilwände rings um Pescador

Oben: Igelfisch „parkt" in einem Fassschwamm

Unten: Riesen-Anglerfisch auf der Suche nach Nahrung

57 FAKTEN

- **Tiefe:** 3–40 m
- **Sichtweite:** 10–30 m
- **Wassertemperatur:** 26–31 °C
- **Beste Jahreszeit:** Nov.–Juni
- **Schwierigkeit:** ■–■■■■■
- **Artenreichtum Korallen:** ■■■■
- **Artenreichtum Fische:** ■■■■
- **Großfische:** ■■■
- **Wracks:** ■
- **Höhlen:** ■■
- **Steilwände:** ■■■■■
- **Schnorcheln:** ■■■■

Östlich der Philippinen-Insel Negros liegt die ebenfalls zur Inselgruppe der Visayas gehörende Insel Cebu. In der gleichnamigen Inselhauptstadt gibt es einen internationalen Flughafen, für die 90 Kilometer bis nach Moalboal sollte man etwa drei Stunden Fahrt einplanen. Etwas abseits des Ortszentrums liegt auf einer Halbinsel der Panagsama Beach mit Bars, Restaurants und einigen kleinen Tauchresorts im mittleren Preissegment. Den Gästen, die aus aller Welt hierher reisen, stehen mehrere verschiedene Tauchreviere zur Verfügung: die Hausriffe der Resorts, verschiedene Spots an der langen Steilwand der Halbinsel, der Marinepark um die vorgelagerte Insel Pescador oder Sunken Island weiter südlich.

Die Hausriffe sind bewachsene Steilwände, die vom Riffdach bis in Tiefen um 40 Meter führen. Von den Basen aus kann man hier mit einem Partner eigenverantwortlich tauchen. Um zu den zehn Tauchspots entlang der Halbinsel zu gelangen, benötigt man ein Boot. Die typischen Bangkas bringen die Taucher in kurzer Fahrt zu Plätzen wie dem *Marine Sanctuary* im Norden, *White Beach, Talisay, Tongo Point, Sampaguita* oder zum *Airport*, wo ein kleines Flugzeug liegt. Die meisten Plätze haben ebenfalls gut bewachsene Drop-Offs mit Überhängen bis etwa 40 Meter Tiefe zu bieten und offerieren Fische von kleiner bis mittlerer Größe. In niederen Bereichen findet man etliche Nacktschnecken, Würmer, viele Krustentiere und fotogene Garnelen. Diese Spots sind auch für Anfänger geeignet.

Das beliebteste Tauchziel der Gegend ist zweifelsohne die Insel Pescador westlich von Moalboal, zu erreichen per Auslegerboot in etwa 15 Minuten. Aus 300 Metern Tiefe ragt die kleine, unter Naturschutz stehende Insel bis sechs Meter über die Wasseroberfläche. In drei bis neun Metern Tiefe wird sie von einem völlig intakten, farbigen Korallengürtel umrahmt. Noch tiefer reichen mit Schwämmen, Gorgonien und Weichkorallen bewachsene Wände rings um die Insel steil nach unten. Ein Spitzenplatz ist die *Kathedrale*: In diesen Tunnel taucht man in 35 Metern Tiefe ein und auf 15 Metern wieder heraus, innen wird man von schönen Lichtspielen der Sonne empfangen. Ein Kaleidoskop an herrlichen Farben erzeugen viele kleine Barschschwärme rings um die ganze Insel.

Der im offenen Meer liegende Spot *Sunken Island* eignet sich bestens für einen „Early-Morning-Dive".

Doch die 24 Meter freier Fall durchs Freiwasser bis zum Riff inmitten quirliger Fischschwärme und vieler Rotfeuer- und Anglerfische sind nur etwas für erfahrene Aquanauten.

INDOPAZIFIK: PHILIPPINEN

Cabilao

DIE KLEINE INSEL IN DER VISAYAS-GRUPPE LIEGT ÖSTLICH VON CEBU UND WESTLICH VON BOHOL. BIS HEUTE GILT SIE ALS HEISSER TAUCHTIPP UND STEHT BESONDERS FÜR ERHOLUNG, ERSTKLASSIGES RIFFTAUCHEN UND SPOTS VON SELTENER QUALITÄT.

Rund 40 Kilometer nördlich der Taucherhochburg Alona Beach auf der Insel Panglao ist auf Cabilao von betriebsamer Hektik und vielen Tauchbooten keine Spur. Wer eine Bar aufsuchen will, wird enttäuscht. Denn die Resorts pflegen einen familiären Stil und neben dem Tauchen haben Ruhe und Erholung absolute Priorität.

Die Insel ist von Cebu mit der Schnellfähre nach Tagbilaran auf Bohol, einem Autotransfer und einem weiteren kurzen Bootstransfer zu erreichen. Sie liegt im beliebten Taucherdreieck Cebu-Bohol-Negros und gehört zum Repertoire vieler Island-Hopping-Touren. Die Unterwasserflora und -fauna rings um die Insel ist völlig intakt, dank traditionellem Fischfang und einem geschützten Naturpark. In Kombination mit fast immer guten Sichtverhältnissen unter den Wellen avancierte Cabilao zu einem wahren Taucherparadies. Manche unternehmen bis zu fünf Tauchgänge am Tag – das spricht für sich.

Ein Tauchplatz von oberster Güteklasse ist das *Lighthouse* im Nordosten der Insel. Ein Abhang fällt von 5 auf etwa 22 Meter ab und mithilfe eines ortskundigen Tauchführers gelangt man zu den Stellen, wo es Teufelsfische, Himmelsgucker, Schaukelfische, Fangschreckenkrebse, Geisterpfeifen- oder auch Flügelrossfische zu sehen gibt. Nachttauchgänge sind sehr zu empfehlen, um die ganze Schönheit der Riffe zu sehen.

58 FAKTEN

- **Tiefe:** 3–60 m
- **Sichtweite:** 10–30 m
- **Wassertemperatur:** 26–31 °C
- **Beste Jahreszeit:** Nov.–Juni
- **Schwierigkeit:** ■–■■■■■
- **Artenreichtum Korallen:** ■■■■
- **Artenreichtum Fische:** ■■■■
- **Großfische:** ■■■
- **Wracks:** –
- **Höhlen:** ■■
- **Steilwände:** ■■■■■
- **Schnorcheln:** ■■■■

Nicht weit weg gibt es an der Steilwand des *Shark View Point* Gorgonien, auf denen einige Pygmäen-Seepferdchen leben. Einst wurden vor der Steilwand ganze Hammerhaischulen gesichtet, doch diese Zeiten gehören leider der Vergangenheit an. Heute trifft man mit viel Glück auf Einzelgänger.

Richtig steil nach unten geht es am *South Point*. Der Korallenhang erstreckt sich in einer Tiefe zwischen drei und zwölf Metern und besitzt die schönsten Hartkorallen der Insel. Dann stürzt die Wand weit über 40 Meter senkrecht in die Tiefe, dazwischen liegen verschiedene Höhlen, in denen sich tagsüber junge Weißspitzenhaie verstecken. Gerade nachmittags wird das Riff fantastisch ausgeleuchtet.

Cambaquiz liegt an der Nordostspitze von Cabilao und ist wegen des immensen Fischreichtums beliebt. Es gibt zwar weniger Korallen, dafür jedoch ab und zu Schildkröten und Babyhaie zu sehen. Für Strömungstauchgänge eignet sich der Spot *Fallen Tree*. Hier ziehen Füssiliere zwischen großen Fassschwämmen, Lederkorallen und Gorgonien umher.

Linke Seite: Im Korallenwald von Cabilao

Oben: Kleine Krabbe auf einer Seegurke

Mitte: Orang-Utang-Krabbe in einer Blasenkoralle

Unten: Meister der Tarnung – der Himmelsgucker liegt versteckt im Sand

INDOPAZIFIK

INDOPAZIFIK: PHILIPPINEN

Malapascua

HAIE, SCHLANGEN UND WRACKS LOCKEN TAUCHER AUS ALLER WELT NACH MALAPASCUA, EINER KLEINEN KORALLENINSEL ACHT KILOMETER NÖRDÖSTLICH VON CEBU. DOCH AUCH DIE MAKROWELT DER UNTERWASSERFLORA UND -FAUNA BIETET VIELE ATTRAKTIONEN.

Malapascua ist gerade einmal zwei Kilometer lang und knapp einen Kilometer breit. Autos gibt es hier keine, nur einen Mini-LKW und einige Mopeds, die als Taxis dienen. Statt Straßen gibt es Pfade, auf denen man sich besonders nachts leicht verlaufen kann. Auf der Insel wohnen etwa 4000 Menschen in neun Siedlungen. Sie lebten hauptsächlich vom Fischfang und nun immer mehr vom Tourismus. Es entstanden immer weitere kleine Beach-Resorts und Tauchbasen und dennoch ist die Insel eher ruhig und erinnert mit palmengesäumten Traumstränden an die Malediven.

Die beliebteste Attraktion sind die eleganten Fuchshaie. Um sie vor die Maske zu bekommen, muss man sehr früh aufstehen. Bereits in der Morgendämmerung fährt man etwa eine halbe Stunde zum Unterwasserplateau *Monad*, welches in zwölf Metern Tiefe beginnt und einen Durchmesser von etwa 1,5 Kilometern hat. An einer bestimmten Stelle in 23 Metern Tiefe, dem sogenannten *Shark Point*, lassen sich die bis zu vier Meter langen Räuber morgens gerne von kleinen Fischen putzen. Für Taucher sind Ruhe und Geduld allerdings Voraussetzung, um diese scheuen Tiere beobachten zu können.

Rund um die Insel stehen den Tauchern mehrere Wracks zur Verfügung. Die „Dona Marilyn", ein 90 Meter langer Frachter, ist 1982 während eines Taifuns gesunken und liegt steuerbords in 32 Metern Tiefe im Norden von Malapascua. Ein japanisches Transport-

59 FAKTEN

- **Tiefe:** 5–40 m
- **Sichtweite:** 10–30 m
- **Wassertemperatur:** 26–31 °C
- **Beste Jahreszeit:** Nov.–Juni
- **Schwierigkeit:** ■-■■■■
- **Artenreichtum Korallen:** ■■■
- **Artenreichtum Fische:** ■■■■
- **Großfische:** ■■■■
- **Wracks:** ■■■■
- **Höhlen:** ■■■
- **Steilwände:** ■■■
- **Schnorcheln:** ■■

schiff wurde 1944 von US-Flugzeugen getroffen und versenkt. Das künstliche Riff ist eine Oase im Meer und wird von vielen Fischen besiedelt. Das farbige Wrack, das einfach zu betauchen ist, ruht zwischen 18 und 27 Metern Tiefe. In der Nähe liegt das ebenfalls für Anfänger geeignete „Don Macario"-Wrack in 19 Metern Tiefe. Drei weitere japanische Schiffe finden sich auf Tiefen zwischen 30 und 40 Metern und können nur von erfahrenen Tauchern besichtigt werden.

Eines der ersten bekannten Highlights vor Malapascua sind die „schlafenden Haie von Gato" in der *Gato Cave*. Durch diese kann hindurchgetaucht werden, dabei können tagsüber schlafende Weißspitzenhaie beobachtet werden. Auch weiß-schwarz gebänderte Seeschlangen, viele Nacktschnecken und fotogene Seepferdchen gibt es an den Tauchplätzen um die Insel Gato. Sie gehören zu dem Marinepark und sind von Malapascua in einer etwa 40-minütigen Bootsfahrt zu erreichen.

Linke Seite: Schwarz-weiß gebänderte Seeschlange

Oben: Weißbandgarnele putzt kleinen Barsch

Mitte: Seepferdchen zwischen weichen Korallen und stacheligem Seeigel

Unten: Schlafender Hai mit Schiffshalter in der Gato-Höhle

Das größte Weltmeer – auch als Stiller Ozean bekannt – bedeckt mehr als ein Drittel der Erdoberfläche. Dementsprechend vielfältig ist das Angebot für Taucher: Hier warten Traumziele wie Galapagos und die Cocos-Insel, die unzähligen Inseln Mikronesiens, Südseeparadiese wie Papua-Neuguinea, Polynesien und im Osten Australiens das größte Barriereriff der Welt.

PAZIFIK

NÖRDLICHER PAZIFIK: PALAU
Palau

DIE UNTERWASSERWELT VON PALAU HALTEN VIELE TAUCHER FÜR DAS NONPLUSULTRA, DENN DAS ANGEBOT IST ÄUSSERST VIELFÄLTIG: ES GIBT STEILWÄNDE, GROSSFISCHE, GEWALTIGE HÖHLEN, WRACKS, QUALLENSEEN, EINE TOLLE MAKROWELT UND SOGAR KROKODILE.

Rechte Seite: Gigantische Mördermuschel in Clam City

Unten links: Reste der Atemmasken am Helmet-Wrack

Unten rechts: Qualle im Jelly Fish Lake

 **FAKTEN**

- **Tiefe:** 1–40 m
- **Sichtweite:** 7–30 m an Wracks, Höhle bis 45 m
- **Wassertemperatur:** 26–31 °C
- **Beste Jahreszeit:** Dez.–April
- **Schwierigkeit:** ■-■■■■
- **Artenreichtum Korallen:** ■■
- **Artenreichtum Fische:** ■■■■
- **Großfische:** ■■■■
- **Wracks:** ■■■■■
- **Höhlen:** ■■■■■
- **Steilwände:** ■■■■■
- **Schnorcheln:** ■■■■■
  (Jellyfish Lake, Mandarinfish Lake, Clam City, Mangroven)

Im Westpazifik schlummern östlich der Philippinen und nördlich von Neuguinea die Palau-Inseln. Sie bilden einen eigenständigen Staat und zählen zur westlichen Inselgruppe der Karolinen ebenso wie zu Mikronesien. Offizielle Unabhängigkeit erlangte Palau erst 1994, nachdem es fast 50 Jahre als Distrikt des UN-Treuhandgebietes von den USA kontrolliert wurde. Bis 2006 wurde von Koror aus regiert, heute befindet sich der Regierungssitz in Melkeok auf der größten Insel Babeldaob.

In Koror befinden sich auch die meisten Tauchbasen, die Touren zu vielen Spots rund um die acht bewohnten Hauptinseln und die vielen kleineren, tropisch bewachsenen Koralleneilande anbieten. Die täglichen Fahrten entlang der Traumkulisse – zu den südlichen Tauchplätzen geht es vorbei an den weltbekannten Rock Islands – haben ihren ganz speziellen Reiz.

Zudem gibt es die Möglichkeit, die Spots von Palau mit einem Liveaboard anzufahren. So ankert man meist nicht weit vom Tauchplatz entfernt und hat die Chance, als Erster in den frühen Morgenstunden zu tauchen, was immer Spannung und Chancen auf Großfische verspricht. Außerdem erlaubt einem der andere Zeitplan an Bord, bis zu fünf Mal am Tag in die Fluten zu springen.

Die berühmtesten und faszinierendsten Tauchplätze von Palau sind die Höhle *Blue Hole* und *Blue Corner* sowie die Steilwände der Inseln Ngemelis und Peleliu. Neben diesen ganz besonderen Orten, denen die Spots Nr. 61 und Nr. 62 gewidmet sind, gibt es noch viele weitere beeindruckende Spots.

Die Grotten und Höhlen von Palau sind zahlreich und vielfältig. Neben dem *Blue Hole* sollte man sich den *Siaes Tunnel*, *Virgin Blue Hole* und die *Chandelier Cave*, die in einem Naturhafen von Koror liegt, nicht entgehen lassen. In die riesigen Hallen gelangt man durch einen Eingang in vier Metern Tiefe. Das Wasser ist – wenn nicht gerade zuvor jemand das feine Sediment auf dem Boden aufgewirbelt hat – kristallklar. Lange Stalaktiten, die von der Höhlendecke

Oben links: Napoleon am Blue Corner

Rechte Seite oben: Luftbild von Seventy Islands

Rechte Seite unten links: Rote Gorgonien am Big Drop Off – das ist Steilwandtauchen vom Feinsten

Rechte Seite unten rechts: Tauchen am Wrack eines japanischen Wasserflugzeugs

herabhängen, durchbrechen die Wasseroberfläche und bilden eine fantastische Szenerie. In der ersten Höhle kann man sogar auftauchen, die weiteren Kammern sollten nur mit einem ortskundigen Führer betaucht werden.

Ein weiterer Höhepunkt sind die vielen Wracks, die aus dem Zweiten Weltkrieg stammen. Aufgrund der strategisch guten Lage nahmen die Japaner während des Pazifikkriegs den Archipel als Flottenstützpunkt in Beschlag. Ende März 1944 starteten die USA einen Luftangriff, bei dem über 60 Schiffe und Flugzeuge in den umliegenden Buchten versenkt wurden. Francis Toribiong, einer der ersten Taucher auf Palau, entdeckte gemeinsam mit dem deutschen Taucher Klaus Lindemann die verlorene Flotte.

Das Helmet-Wrack liegt heute in einer Tiefe zwischen 10 und 28 Metern. Das Versorgungsschiff hatte neben Granaten, Munition und Ersatzteilen für Zero-Kampfflugzeuge auch viele Helme geladen, die heute noch sichtbar sind und dem Wrack seinen Namen gaben. Der Frachter „Chuyo Maru" ist 83 Meter lang, sowohl die Brücke als auch der Maschinenraum und die Bordkanone sind gut erhalten und eine Erkundung wert. Mit 153 Metern Länge ist die „Amatsu Maru" das größte Wrack von Palau. Es liegt maximal 37 Meter tief und ist von Schwarzen Korallen besiedelt. Lohnenswerte Tauchgänge bieten zudem die Wracks der „Iro" und die der Flugzeuge „Jake" und „Zero Fighter".

Eine andere Attraktion befindet sich auf der Insel Eil Malk, die zu den weltbekannten und unter Naturschutz stehenden Rock Islands gehört. Hier gibt einen Quallensee, der weltweit unter dem Namen Jellyfish Lake bekannt geworden ist. In diesem kann man inmitten von Millionen nicht nesselnder Quallen, die seit Jahrtausenden hier leben, schnorcheln. Am Ufer wachsen Mangroven, auf deren Wurzeln sich Schwämme und Anemonen angesiedelt haben. Nur wenige Minuten Bootsfahrt entfernt leben in *Clam City* Mördermuscheln, die fast zwei Meter groß sind, bis zu 500 Kilogramm wiegen und teilweise 100 Jahre alt sind.

Südlich und nicht weit entfernt von Koror liegt einer der zahlreichen Salzwasserseen der Rock Islands, der Mandarinfish Lake, in dem man winzige, farbenfrohe und fotogene Mandarinfische findet. Für ganz mutige Taucher werden selbst Tauchgänge mit Krokodilen in den Mangrovensümpfen vor Koror organisiert – ein nicht ganz billiges, aber spannendes Abenteuer.

NÖRDLICHER PAZIFIK: PALAU
Blue Corner & Blue Holes

ZWEI VON DER FARBE BLAU DOMINIERTE SPOTS IM SÜDWESTEN VON PALAU SIND WAHRE PILGERSTÄTTEN DER INTERNATIONALEN TAUCHGEMEINDE. SIE SORGEN DAFÜR, DASS DIE INSELGRUPPE IN DEN CHARTS DER BESTEN TAUCHPLÄTZE DER WELT GANZ OBEN MITSPIELT.

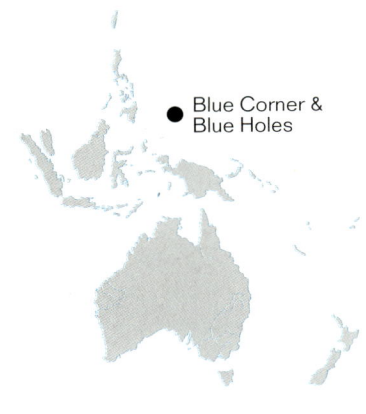

Die *Blue Holes* versprechen exzellentes Höhlentauchen. Durch jahrtausendelange Erosion entstanden vier Löcher im Riffdach, durch die man bei ruhiger See senkrecht nach unten in eine riesige Halle taucht. Mystisch blaues Licht fällt durch die etwa 20 Meter langen Kamine in die Höhle, deren Boden sich in maximal 40 Metern Tiefe befindet. Ein kleinerer Ausgang in 15 Metern und ein größerer ab 27 Metern Tiefe führen Taucher wieder bequem ins Freiwasser. Im Inneren der Höhle geht es für Höhlentaucher noch tiefer in die *Cave of Doom*, in der sich selbst schon Schildkröten verirrt haben – ihre Skelette sind Beweis dafür.

Francis Toribiong, der bekannte Tauchpionier aus Palau, entdeckte diesen Spot zuerst. Und als er sich 1978 von den *Blue Holes* kommend mit der starken Strömung treiben ließ, gelangte er zufällig zum *Blue Corner*. Plötzlich befand er sich vor einem Plateau inmitten einer Armada aus neugierigen Haien, Schnappern, Makrelen und Barrakudas. Bis heute ist die „blaue Ecke" ein Tauchmagnet, auch wenn die Haipopulation etwas rückläufig ist. Während der Flut bietet die starke und nährstoffreiche Strömung an diesem exponierten Riffeck großen und kleinen Fischen genügend Nahrung. Riesige Napoleons, Barsche, Rochen, schlafende Weißspitzenhaie und Schildkröten sind immer vertreten und selbst Delfine ziehen ab und zu am Riff vorbei.

Oben: Grauer Riffhai

Unten: Ein Höhepunkt in Palau – Blue Holes

61 FAKTEN

- **Tiefe:** 3–40 m
- **Sichtweite:** 15–50 m
- **Wassertemperatur:** 27–31 °C
- **Beste Jahreszeit:** Dez.–April
- **Schwierigkeit:** ■■■–■■■■■
- **Artenreichtum Korallen:** ■■■
- **Artenreichtum Fische:** ■■■■
- **Großfische:** ■■■■■
- **Wracks:** –
- **Höhlen:** ■■■■■
- **Steilwände:** ■■■■■
- **Schnorcheln:** ■■■

NÖRDLICHER PAZIFIK: PALAU

Ngemelis & Peleliu

STEILWÄNDE SIND FÜR TAUCHER IMMER FASZINIEREND, DIE DER SÜDLICHEN PALAU-INSELN SIND ATEMBERAUBEND. AN IHNEN WACHSEN ALLE ARTEN VON KORALLEN UND STÄNDIG SIND AUSSERGEWÖHNLICHE BEGEGNUNGEN MÖGLICH.

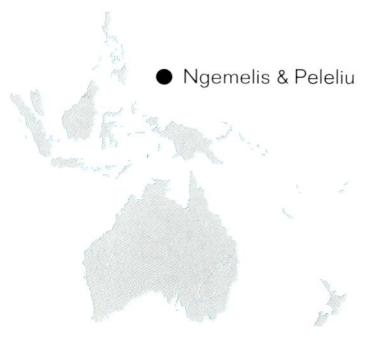

• Ngemelis & Peleliu

An der Südwestseite der unbewohnten Insel Ngemelis fällt die Steilwand *Big Drop Off* auf 280 Meter Tiefe ab. Hier sind einwandfreie Tarierung, ständiges Kontakthalten zur Wand und permanente Überprüfung des Computers Pflicht. An der Wand tummeln sich tausende tropische Fische und mit Glück entdeckt man sogar einen Nautilus, ein in der Tiefsee lebender Kopffüßer der Urzeit, der ab und zu an diesem senkrechten Korallengarten nach oben steigt.

Steil nach unten geht es auch am westlicheren *New Drop Off*, wo jedoch die Strömung sehr stark ziehen kann, sodass zu den obligatorischen Tauchutensilien ein Riffhaken gehören sollte. Will man die patrouillierenden Haie und anderen Jäger an einer Stelle in Ruhe beobachten, steckt man einen großen Haken, der durch eine Leine mit dem Tarierjacket verbunden ist, in ein Stück Fels, ohne dabei etwas zu zerstören. Die Wand ist äußerst schön mit Weich-, Fächer- und Rutenkorallen bewachsen. Weitere Steilwände im Süden der Insel heißen *Turtle Wall*, *Ngemelis Coral Garden* und *Ngemelis Wall*.

Perfekte Tauchgänge erlebt man auch bei der Insel Peleliu. Highlights sind die mit gelben Weichkorallen überzogene *Yellow Wall*, der Spot *Peleliu Cut*, die *Wall*, wo es Riesenfächer gibt, und der *Peleliu Express* mit seinen Süßlippen- und Schnapperschwärmen.

Oben links: Rutenkorallen am New Drop Off

Oben rechts: Weichkorallen am Big Drop Off

Unten: Nautilus, ein Geschöpf aus der Urzeit

62 FAKTEN

❖ Tiefe: 2–40 m

❖ Sichtweite: 20–40 m

❖ Wassertemperatur: 26–31 °C

❖ Beste Jahreszeit: Dez.–April

❖ Schwierigkeit: ■–■■■■■

❖ Artenreichtum Korallen: ■■■■■

❖ Artenreichtum Fische: ■■■■

❖ Großfische: ■■■■

❖ Wracks: –

❖ Höhlen: ■■

❖ Steilwände: ■■■■■

❖ Schnorcheln: ■■■■

NÖRDLICHER PAZIFIK: FÖDERIERTE STAATEN VON MIKRONESIEN

Chuuk (Truk Lagoon) I

DAS ATOLL CHUUK GILT ALS BESTES WRACKGEBIET DER WELT. NEBEN WRACKS MIT OPTIMALEN BEDINGUNGEN FÜR ALLE TAUCHER GIBT ES AUCH EINIGE, FÜR DIE MAN EINE SPEZIELLE AUSBILDUNG BENÖTIGT. ZUDEM BIETET CHUUK EXZELLENTE HAIPLÄTZE.

Rechte Seite: Weichkorallen an den Davids der „Fujikawa Maru"

Oben: Wrack des Flugzeugs „Betty Bomber"

Mitte: Mit Schwämmen bewachsener Maschinentelegraf

Unten: Grauer Riffhai lässt sich putzen

63 FAKTEN

- **Tiefe:** 9–40 m
- **Sichtweite:** 10–40 m
- **Wassertemperatur:** 28–30 °C
- **Beste Jahreszeit:** Dez.–April
- **Schwierigkeit:** ■–■■■
- **Artenreichtum Korallen:** ■■■■
- **Artenreichtum Fische:** ■■■
- **Großfische:** ■■■–■■■■
- **Wracks:** ■■■■■
- **Höhlen:** –
- **Steilwände:** –
- **Schnorcheln:** ■

Die Vulkaninseln Chuuk, die noch heute unter ihrem ehemaligen Namen Truk bekannt sind, gehören zu den östlichen Karolinen und bilden einen Staat der Föderierten Staaten von Mikronesien. Elf größere und 46 kleinere smaragdgrüne Inseln sind von einem 224 Kilometer langen Barriereriff umgeben, das sich am Rand eines versunkenen Kraters gebildet hat. Nennenswerte Strände oder komfortable Hotels gibt es nicht. Nur Taucher verirren sich hierher, um die vielen Wracks des Zweiten Weltkrieges zu betauchen. Momentan haben zwei Hotels angeschlossene Tauchbasen, die tägliche Touren mit zwei bis drei Tauchgängen anbieten.

Wegen der isolierten Lage mitten im Pazifik war die Inselgruppe strategisch von großer Bedeutung. Sie bildete einen geschützten Militärstützpunkt der Japaner, die einen großen Teil ihrer Pazifikflotte hier vor Anker legten. Im Februar 1944 starteten die USA mit der „Operation Hailstone" einen Überraschungsangriff auf die vermeintlich sichere Festung und versenkten Kreuzer, Zerstörer, U-Boote und Transportschiffe. Man schätzt, dass etwa 400 Flugzeuge zerstört und knapp 80 Schiffe versenkt wurden.

Auf dieser Geisterflotte wachsen heute traumhafte Korallengärten. Schwämme und andere niedere Tiere besiedeln die stählernen Riesen. Auch Fische fanden ein neues Zuhause, zum Beispiel in dem mit Weichkorallen bewachsenen Bilderbuchwrack „Fujikawa Maru" südwestlich der Insel Eten. Das 132 Meter lange Transportschiff liegt aufrecht in einer moderaten Tiefe zwischen 12 und 34 Metern. In den Laderäumen findet man Flugzeugcockpits, Tragflächen, Torpedos, Porzellan und Flaschen. Beeindruckend sind der Maschinenraum, die Bordkanonen und Decksaufbauten.

Ein weiterer toller Spot ist das Wrack des 152 Meter langen Tankers „Shinkoku Maru" nördlich der Insel Param. Seine Masten beginnen bereits in neun Metern Tiefe, das Steuerhaus liegt in 15 Metern und die Bordkanonen in etwa 31 Metern Tiefe. Weitere recht einfach betauchbare Wracks heißen „Sankisan Maru", „Hanakwa Maru", „Gossei Maru" und „Yamagiri Maru". Auch das Flugzeug „Betty Bomber" westlich von Eten lohnt sich für einen Tauchgang.

Um einige Wracks kreisen auch Haie, doch wer mehr sehen will, sollte sich *Shark Island* nicht entgehen lassen, wo mehr als ein Dutzend Grauer Riffhaie hautnah beobachtet werden können.

NÖRDLICHER PAZIFIK: FÖDERIERTE STAATEN VON MIKRONESIEN
Chuuk (Truk Lagoon) II

ERFAHRENE UND SPEZIELL AUSGEBILDETE TAUCHER KÖNNEN IN DER TRUK LAGOON ZU TIEFEN UND SPANNENDEN WRACKS ABSTEIGEN. DIE MEISTEN LIEGEN UM DIE INSELN WENO, FEFAN, UMAN UND TONOWAS UND SOLLTEN AUF KEINEN FALL UNTERSCHÄTZT WERDEN.

Im Jahr 1964, 20 Jahre nach dem Untergang der japanischen Pazifikflotte, entdeckte der einheimische Zeitzeuge Kimio Aisek die ersten Wracks in der Lagune von Chuuk, die unter dem Namen Truk Lagoon das Wrack-Mekka der internationalen Tauchgemeinde darstellt. Dies liegt zum einen daran, dass man sich im Gegensatz zu Pearl Harbour in Chuuk keine Mühe machte, die Kriegsrelikte wegzuschaffen, ganz im Gegenteil: Man erklärte die ganze Lagune zum „Underwater Historical Monument". Um sie vor Souvenirjägern zu schützen, sind die nicht billigen Touren nur mit Tauchführern erlaubt. Zum anderen sind die Bedingungen im Vergleich zu anderen Wrackgebieten optimal: Die geschützte Lage in der Lagune ohne Strömungen, das warme, klare Wasser und die häufig geringe Tiefe ermöglichen angenehme Tauchgänge.

Doch daneben gibt es einige Wracks, die sehr viel Erfahrung voraussetzen. Beispielsweise die „Nippo Maru", die andere Schiffe mit Trinkwasser versorgen sollte. Sie lag östlich von Tonowas vor Anker, als sie angegriffen wurde, und hatte zusätzliche Ladung an Bord: einen Panzer, LKWs, Artillerie, Maschinengewehre sowie viel Munition in den Laderäumen. Das Wrack scheint unversehrt zu sein und liegt bunt bewachsen aufrecht im Sand. Befindet man sich auf Deck, stehen 31 Meter Tiefe auf dem Computer und die Nullzeit, in der ohne zusätzliche Zwischenstopps aufgetaucht werden kann, ist entsprechend kurz.

Die 128 Meter lange „San Francisco Maru" ist auch eines der tieferen Wracks der Lagune. Das Hauptdeck des Vorschiffes liegt in etwa 40 Metern, der Kiel in 62 Metern Tiefe. Die Attraktion sind die drei Panzer an Deck, in verschiedenen Laderäumen sind einige LKWs, viel Geschirr, Minen, Wasserbomben, Torpedos und Munitionskisten zu sehen. Um hier einzutauchen, sind aufgrund der Enge und der möglicherweise noch scharfen Munition genaue Instruktionen notwendig.

Einen erfahrenen Tauchführer braucht man für Erkundungen des Inneren der „Rio de Janeiro Maru", auch wenn sie sich in einer einfach zu betauchenden Tiefe zwischen 14 und 37 Metern befindet. Da das ehemalige Passagierschiff, das als U-Boot-Versorger eingesetzt wurde, heute jedoch auf der Steuerbordseite liegt, ist die Orientierung erheblich erschwert. Weitere Highlights für Spezialisten heißen „Hoki Maru", „Heian Maru" und „Unkai Maru" sowie „Submarine I-169".

Linke Seite: Panzer auf der „Nippo Maru"

Oben: Im Maschinenraum der „Rio de Janeiro"

Mitte: Noch heute findet man Totenköpfe auf manchen Wracks

Unten: Militärlaster im Laderaum der „Hoki Maru"

64 FAKTEN

- **Tiefe:** 15–62 m
- **Sichtweite:** 10–40 m
- **Wassertemperatur:** 28–30 °C
- **Beste Jahreszeit:** Dez.–April
- **Schwierigkeit:** ■■■–■■■■■
- **Artenreichtum Korallen:** ■■■■
- **Artenreichtum Fische:** ■■■
- **Großfische:** ■■■
- **Wracks:** ■■■■■
- **Höhlen:** –
- **Steilwände:** –
- **Schnorcheln:** ■

NÖRDLICHER PAZIFIK: FÖDERIERTE STAATEN VON MIKRONESIEN

Yap

DIE INSEL YAP IST UNTER TAUCHERN BESONDERS FÜR DIE MANTAS IN DEN KANÄLEN BEKANNT (S. SPOT NR. 66). DOCH UNTER WASSER GIBT ES WEIT MEHR ZU SEHEN: STEILWÄNDE, GROTTEN, HAIE, MAKROSPOTS UND SOGAR MANDARINFISCHE.

Die Yap-Inseln sind Teil des Archipels der West-Karolinen und liegen weitab der Touristenwege nördlich von Neuguinea und östlich der Philippinen. Von Tauchern werden sie häufig in Kombination mit dem nur 450 Kilometer entfernten Palau bereist. Die vier Hauptinseln werden Yap Proper genannt und sind von einem Korallenriff umschlossen, gemeinsam mit den weiter entfernt liegenden Outer Islands bilden sie einen der Föderierten Staaten von Mikronesien.

Nur in Colonia, der Hauptstadt auf Yap, gibt es Hotels und Tauchbasen. Eine Besonderheit der Insel ist die Tatsache, dass Grundstückseigentümer auch das Meer vor ihrem jeweiligen Land besitzen. Deshalb ist es für die Basenbesitzer gar nicht so leicht, die nötigen Tauchgenehmigungen für die vielen Spots um die Insel zu erhalten. Diese können nicht einfach gekauft werden, sondern müssen in langen, zeremonienartigen Verhandlungen erworben werden. Mittlerweile stehen Tauchern über 30 Spots um die 25 Kilometer lange und acht Kilometer breite Insel zur Verfügung.

Ein Highlight ist die *Vertigo Wall* im Westen, an der man unter Wasser von vielen Schwarzspitzen- und Grauhaien begrüßt wird. An einem Riffeck liegt *Big Bend*, wo die Guides mit speziellen Geräuschen neugierige Silberspitzen-, Weißspitzen- und Hochseehaie anlocken. Seefächer und Weichkorallen wachsen hier unter Überhängen, an der *Cherry Blossom Wall* gedei-

65 FAKTEN

- **Tiefe:** 2–50 m
- **Sichtweite:** an Riffen 20–60 m, in der Lagune 5–15 m
- **Wassertemperatur:** 28–30 °C
- **Beste Jahreszeit:** Dez.–April
- **Schwierigkeit:** ■–■■■
- **Artenreichtum Korallen:** ■■■–■■■■■
- **Artenreichtum Fische:** ■■■■
- **Großfische:** ■■■■■
- **Wracks:** ■■
- **Höhlen:** ■■■ (nur im Süden)
- **Steilwände:** ■■■■
- **Schnorcheln:** ■■■

hen schwarze Korallen. Im Süden der Insel liegen an der *Gilmaan Wall* gut getarnt gelbe Anglerfische auf der Lauer und in den Grotten bei den *Yap Caverns*, wo es einige standorttreue Schaukelfische gibt, erleben Taucher tolle Lichtspiele. In diesem Rifflabyrinth jagen Makrelen und Büffelkopfpapageienfische fressen Korallen, was nicht zu überhören ist.

Auf der Ostseite der Insel ist ein Blick ins Freiwasser wichtig, da immer wieder Begegnungen mit Großfischen möglich sind. Kein Wunder, denn der zweitgrößte Tiefseegraben der Welt, der Yap-Trench, liegt nicht weit entfernt. Die Riffe ziehen sich im Osten langsam in die Tiefe und faszinieren mit völlig intakten Hartkorallengärten. Die besten Spots heißen *Sakura Terrace* und *Gapow Reef*, alle glänzen mit extrem guten Sichtweiten.

Nahe der Hauptstadt Colonia liegen zwei Wracks und ein Makroplatz mit Nacktschnecken, Symbiosen, Kardinal- und Anglerfischen. Vor O'Keefe Island leben bunt gezeichnete Mandarinfische, die sich am besten nach Sonnenuntergang beobachten lassen.

Linke Seite: Porträt eines Grauen Riffhais

Oben und Mitte: Farbenfrohe Mandarinfische

Unten: Kämpfende Papageienfische

NÖRDLICHER PAZIFIK: FÖDERIERTE STAATEN VON MIKRONESIEN

Yap: die Kanäle

DIE INSEL YAP WURDE UNTER TAUCHERN WELTWEIT BEKANNT DURCH DIE MAJESTÄTISCHEN MANTA-ROCHEN IN IHREN KANÄLEN. AM BESTEN LÄSST ES SICH BEI AUFKOMMENDER FLUT TAUCHEN, WENN DAS WASSER AM KLARSTEN IST UND AM MEISTEN LEBEN HERRSCHT.

Yap ist hauptsächlich vulkanischen Ursprungs, leicht gebirgig und tropisch bewaldet. Die Insel ist von einem Korallengürtel umschlossen und einzelne Kanäle führen vom Meer in die Lagunen. Die Küsten sind mit einem Mangrovendschungel bewachsen und viele Einwohner leben noch in unvergleichbarer traditioneller Kultur von Fischfang und Landwirtschaft in ursprünglichen Dörfern. Vor ihren Häusern und Pfaden wird das legendäre Steingeld ausgestellt, das in Palau aus dem Fels geschlagen und in Kanus nach Yap transportiert wurde und das noch heute eine nicht nur sprichwörtlich große Rolle spielt.

1984 hat der Tauchpionier Bill Acker in den Kanälen Mantas entdeckt, die sich hier putzen lassen und das Wasser nach Plankton filtrieren. Acker, der bei Tauchern weltweit als der „Manta-Mann" bekannt ist, hat schon in Tausenden von Tauchgängen die friedlichen Riesen getroffen und studiert. Er besitzt ein Tauchresort auf Yap und garantiert seinen Gästen das ganze Jahr über Manta-Begegnungen. Zudem bietet er biologische Kurse an, in denen er den korrekten Umgang mit den Mantas lehrt. Vor seiner Basis gibt es eine Tafel, auf der über 100 verschiedene Mantas mit Bildern und Namen präsentiert werden. Sie lassen sich durch die Zeichnungen auf ihrer Unterseite, an ihrer Farbe und Größe und an ihren Schwanzwurzeln unterscheiden.

Die Mantas, deren Spannweiten bis zu fünf Meter betragen können, suchen spezielle Plätze auf, an denen kleine Fische sie von Parasiten befreien. Das Manta-Vorkommen in den Kanälen, in denen sich auch Haie und andere Fische wohlfühlen, hängt sowohl von der Jahreszeit als auch von der Tageszeit ab. Im Winter, von Dezember bis April, paaren sich die Tiere. Dafür bevorzugen sie den Mi'l Channel auf der dann ruhigeren Nordwestseite der Insel. Im Sommer ziehen sie meist morgens durch den Goofnuw Channel im Nordosten. Optimale Tauchzeiten sind bei Voll- und Neumond, wenn die Strömung am größten ist. „Incoming tide" steht für klares Wasser, „outgoing tide" für trübere Sichtverhältnisse.

Bevorzugte Tauchplätze sind die „Beauty-Salons": Im Mi'l Channel gibt es fünf und im Goofnuw Channel drei Spots, wo sich die elegant anmutenden Überflieger gerne reinigen lassen. Der *Tzimoulis Ridge*, der zu Ehren des bekannten amerikanischen Tauchers und Unterwasserfotografen benannt ist, gehört zu den besten Manta-Plätzen weltweit.

Rechte Seite: Manta im Überflug am Trzimoulis Ridge
Unten links: Manta-Porträt im Gegenlicht
Unten rechts: Weichkorallenwand Mi'l Channel

66 FAKTEN

- **Tiefe:** 10–28 m
- **Sichtweite:** 5–40 m
- **Wassertemperatur:** 28–30 °C
- **Beste Jahreszeit:** Dez.–April
- **Schwierigkeit:** ■–■■■
- **Artenreichtum Korallen:** ■■■
- **Artenreichtum Fische:** ■■■
- **Großfische:** ■■■■■
- **Wracks:** ■■ (nur im Main-Channel)
- **Höhlen:** –
- **Steilwände:** ■■■
- **Schnorcheln:** ■■■

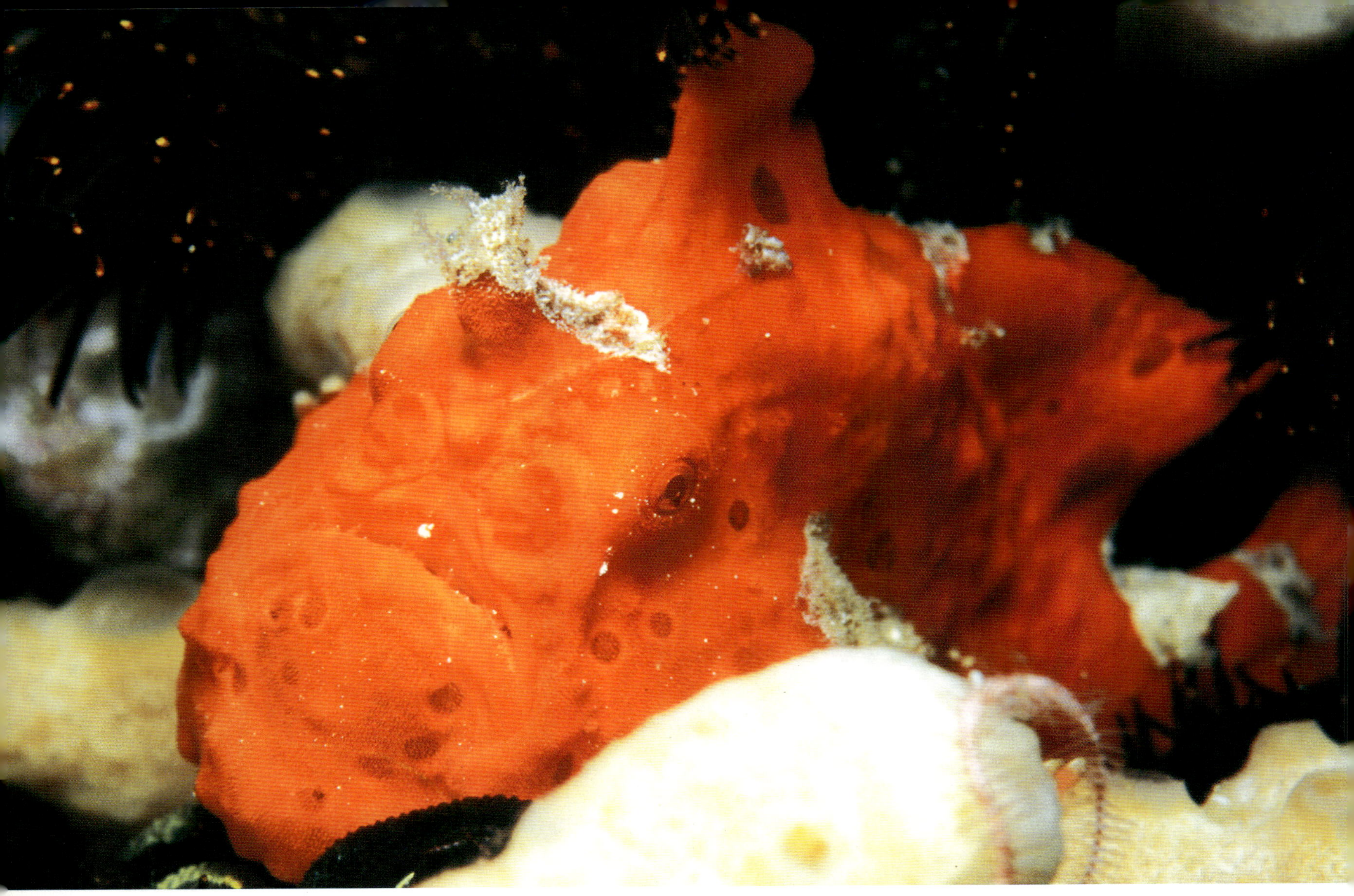

SÜDLICHER PAZIFIK: SALOMONEN

Salomonen

DIE INSELGRUPPE DER SALOMONEN BESTEHT AUS ZWEI INSELKETTEN, DIE ÜBER FAST 1000 KILOMETER PARALLEL VERLAUFEN. UNTER WASSER FINDEN SICH LOHNENSWERTE STEILWÄNDE, KORALLENGÄRTEN UND WRACKS AUS DER SCHLACHT UM GUADALCANAL.

Die Gruppe der Salomon-Inseln erstreckt sich von Nordwest nach Südost und bildet den drittgrößten Archipel des Südpazifiks. Die nördlichen Inseln gehören zum westlich gelegenen Papua-Neuguinea, die südlichen bilden den Staat Salomonen. Neben Hunderten kleinen Inseln gibt es einige größere bewohnte Vulkaninseln. Die sechs Hauptinseln sind Santa Isabel, San Cristobal, Malaita, New Georgia, Choiseul und Guadalcanal mit der Hauptstadt Honiara, wo sich auch die meisten Tauchbasen befinden und ein- bis zweiwöchige Tauchkreuzfahrten starten.

In naher Vergangenheit waren die Inseln wegen politischer Unruhen und einem Tsunami in den Schlagzeilen, bekannt wurden sie einst wegen ihrer Rolle während des Pazifikkriegs. Die Japaner besetzten die Inseln 1942, doch schon kurz darauf starteten die USA ihre erste Offensive – die Schlacht um Guadalcanal endete erst im Februar 1943. Aus dieser Zeit stammen die Wracks um Honiara. Besonders die mit Weichkorallen bewachsenen Bonegi-Wracks und ein japanisches U-Boot ziehen Taucher in ihren Bann. Auch die Region um Munda auf der Insel New Georgia war im Krieg heftig umkämpft, daher kommen Wrackliebhaber hier besonders auf ihre Kosten. Zudem gibt es Drop-Offs, Großfische und eine spannende Höhle.

Viele Spots um die nordwestlich gelegene Insel Uepi, auf der auch eine Tauchbasis arbeitet, sind zwar nicht ganz so bekannt, doch äußerst lohnenswert. Hier

67 FAKTEN

- **Tiefe:** 5–40 m
- **Sichtweite:** 15–50 m
- **Wassertemperatur:** 24–29 °C
- **Beste Jahreszeit:** Juli–Nov.
- **Schwierigkeit:** ■–■■■■■
- **Artenreichtum Korallen:** ■■■■
- **Artenreichtum Fische:** ■■■■
- **Großfische:** ■■■■
- **Wracks:** ■■■■■
- **Höhlen:** ■■■
- **Steilwände:** ■■■■■
- **Schnorcheln:** ■■■

begeistern herrliche Korallengärten, verschiedene Haie und winzige biologische Kostbarkeiten.

Kürzere Tauchsafaris steuern die Riffe um die Russell- und die Florida-Inseln an, längere Touren führen in die Western Province zu weniger erschlossenen Gebieten um die Insel Gizo. Vor dieser liegt das gut erhaltene Wrack des ehemaligen japanischen Handelsschiffs „Tao Maru" (8–40 m tief). Es beherbergt noch heute einen großen Teil der Ladung, von der Sakeflasche bis zum Panzer. Die lange Marovo-Lagune in der Mitte des New-Georgia-Archipels bietet eine Mischung aus imponierenden Steilwänden, spannenden Wracks und Hochseefischen.

Eine recht bunte Tauchwand trägt den Namen des ehemaligen US-Präsidenten John F. Kennedy, der sich auf die kleine Insel retten konnte, als das Torpedoboot, auf dem er sich während des Zweiten Weltkrieges als Soldat befand, von einem japanischen Zerstörer gerammt wurde.

Linke Seite: Nicht zu übersehen – Anglerfisch in leuchtendem Rot

Oben: Klein und hübsch, aber hochgiftig – der Blauringoktopus

Unten: Kleiner Schleimfisch guckt aus seinem Versteck

SÜDLICHER PAZIFIK: PAPUA-NEUGUINEA

Papua-Neuguinea

DER INSELSTAAT NÖRDLICH VON AUSTRALIEN UND SÜDLICH DES ÄQUATORS IST DAS TRAUMREVIER VIELER TAUCHER. DIE UNTERWASSERWELT WARTET MIT EINMALIGEN RIFFEN, VIELEN WRACKS UND EINER IMMENSEN ARTENVIELFALT AN FISCHEN UND KORALLEN.

Neuguinea, die zweitgrößte Insel der Welt, ist politisch in zwei Hälften geteilt: die indonesische Provinz Westpapua und den unabhängigen Staat Papua-Neuguinea im Osten, zu dem auch die vorgelagerten Inseln gehören. Das Land ist ein Teil von Melanesien und zählt geografisch zum Kontinent Australien. Es ist von den faszinierenden Kulturen der über 700 ethnischen Gruppen ebenso geprägt wie von landschaftlichen Kontrasten: Auf der Hauptinsel findet man hohe Berge, Gletscher, Regenwälder, Flüsse, Vulkane, Mangrovensümpfe und Savannen.

Die meisten Taucher, die es trotz komplizierter Anreise nach Papua-Neuguinea verschlägt, kommen wegen der allseits hochgelobten Artenvielfalt der Unterwasserflora und -fauna, die das Gebiet zu einem der schönsten Tauchreviere der Welt macht.

Als Highlight kommen hunderte Wracks hinzu, die aus dem Zweiten Weltkrieg stammen und vor den Küsten des Landes verteilt sind. Die Hauptstadt Port Moresby war damals US-Hauptquartier und nachdem die Japaner 1941 den Nordteil Neuguineas eroberten, folgten drei bittere Jahre mit Kämpfen zwischen Japan und den Alliierten. Um die Städte Rabaul, Kavieng, Madang, Tufi und die Port Moresby liegen heute die besten Schiffs-, Flugzeug- und U-Boot-Wracks aus dieser Zeit.

In diesen Gebieten haben sich einige Resorts angesiedelt, die bereits mit internationalen Preisen ausgezeichnet wurden. Viele der von ihnen angefahrenen Spots haben bereits Weltruhm erlangt. Bekannt sind die Tauchcenter in der Kimbe-Bay auf der Insel New Britain in der Bismarcksee. Hier wurden angeblich 800 verschiedene Korallen und 460 Fischarten gezählt.

Weiter nördlich liegen zwischen den Inseln New Ireland und New Hanover, wo die Bismarcksee mit dem Pazifischen Ozean zusammentrifft, winzige Koralleninseln mit grandiosen Steilwandspots, Fischschwärmen und Haien. Einmalig ist das Tauchen mit den seltenen Kreaturen in der Milne Bay im Osten der Hauptinsel zwischen der Coral Sea und der Salomonsee. Ihr weltbekanntes Markenzeichen ist der auch als Schluckspecht oder Rhinopias bekannte Skorpionsfisch. Die Region um Tufi östlich von Port Moresby ist von hohen Felsen und tiefen Fjorden geprägt und auch der Makrobereich ist von besonderer Güte.

Alle bekannten Gebiete werden auch von luxuriösen Liveaboards angesteuert, auf denen man mindestens zehn Tage an Bord einplanen sollte.

Rechte Seite: Durchblick durch eine Rote Gorgonie

Unten: Schluckspecht mit beeindruckender Zeichnung

68 FAKTEN

- **Tiefe:** 5–40 m
- **Sichtweite:** 10–50 m
- **Wassertemperatur:** Coral Sea: 23–29 °C, Bismarcksee: 29–30 °C
- **Beste Jahreszeit:** Kimbe Bay u. Kavieng: April–Dez.; Tufi: Mai u. Nov.–Jan.; Milne Bay: April–Mai u. Okt.–Jan.
- **Schwierigkeit:** ■□□□□
- **Artenreichtum Korallen:** ■■■■■
- **Artenreichtum Fische:** ■■■■■
- **Großfische:** ■■■■■
- **Wracks:** ■■■■■
- **Höhlen:** ■■■
- **Steilwände:** ■■■■■
- **Schnorcheln:** ■■■■

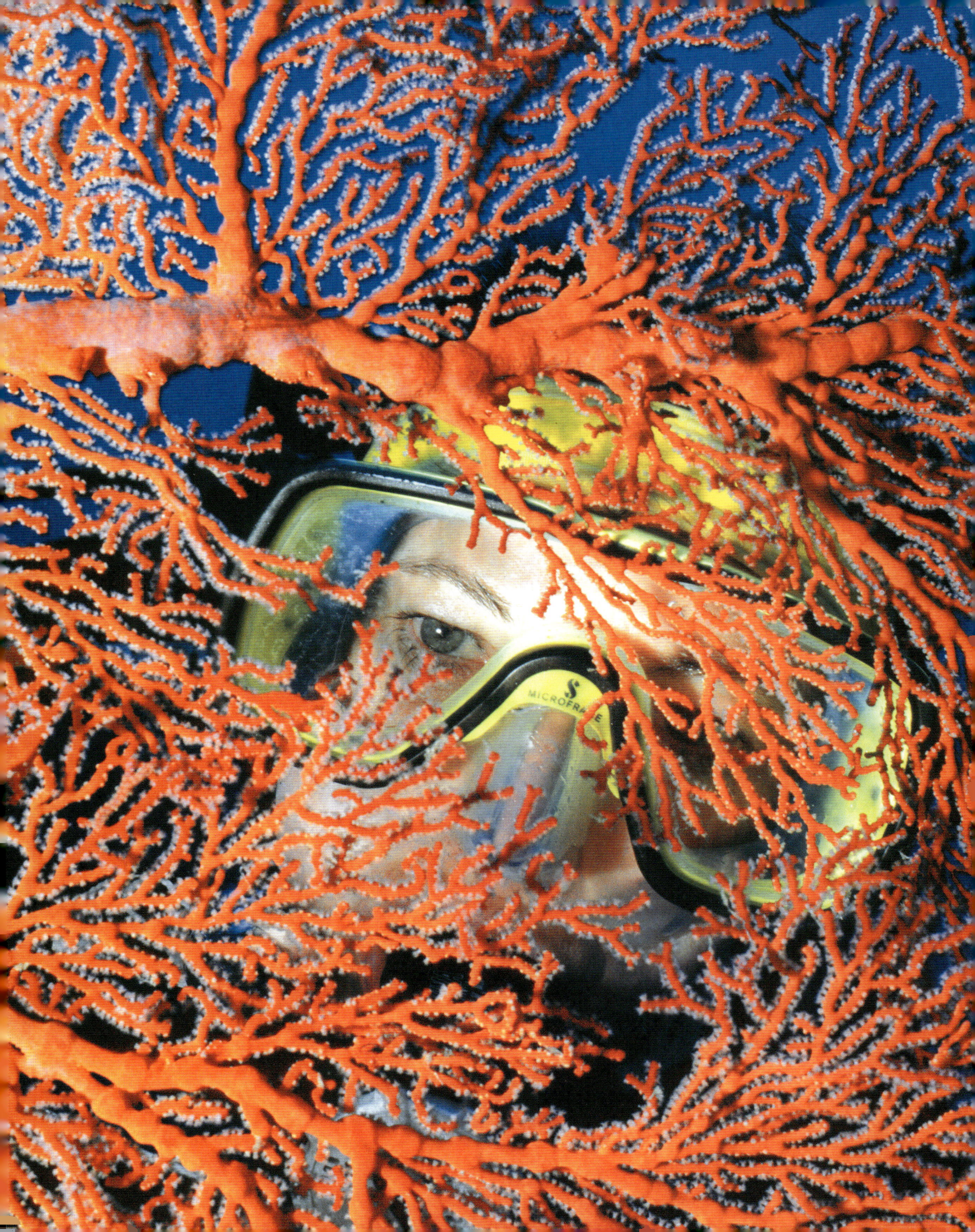

SÜDLICHER PAZIFIK: FRANZÖSISCH-POLYNESIEN

Moorea

DAS ATOLL IM SÜDLICHEN PAZIFIK ZÄHLT ZU DEN GESELLSCHAFTSINSELN IN FRANZÖSISCH-POLYNESIEN. IN DER SÜDSEEIDYLLE LÄSST ES SICH VORZÜGLICH ZWISCHEN HAIEN UND ZAHMEN ROCHEN TAUCHEN, EINE ATTRAKTION SIND AUCH RIESIGE BUCKELWALE.

Das französische Überseeterritorium besteht aus fünf Archipelen mit insgesamt 130 vulkanischen Inseln und Atollen. Moorea ist eine der Inseln unter dem Winde. Sie liegt westlich und in Sichtweite von Tahiti, wo sich auch Papeete, die Hauptstadt Französisch-Polynesiens, befindet. Von hier erreicht man das kleine Taucherparadies, wo sich einige Basen angesiedelt haben, in etwa einer halben Stunde mit dem Boot oder in zehn Minuten mit dem Flugzeug.

Das, was man sich allgemein unter der Südsee vorstellt, findet man auf Moorea: Berge, zerklüftete Täler, üppige Vegetation, traumhafte Sandstrände und türkisfarbene, geschützte Lagunen, die von einem Riff umgeben sind. Sauberes und klares Wasser mit Badewannentemperaturen und 3000 Sonnenstunden jährlich machen die Insel zum idealen, sicheren und nicht überlaufenen Tauchrevier für Anfänger und Profis.

Man kann drei Tauchzonen unterscheiden: Die geschützten Lagunen, deren ruhige und flache Sandflächen mit einzelnen Korallenformationen sich für Anfänger gut zum Lernen eignen. Es gibt viel Interessantes, wie etwa die vielen handzahmen Rochen, die meist mit Fischabfällen gefüttert werden und somit sehr anhänglich sind. Wer bei einer Fütterung unter Wasser dabei ist, sollte jedoch bedenken, dass es sich um Stechrochen, und nicht um Kuscheltiere handelt.

Als Zweites stehen Tauchern langsam abfallende Hänge außerhalb der Lagunen am Außenriff der

Moorea

69 FAKTEN

- **Tiefe:** 10–40 m
- **Sichtweite:** 10–30 m
- **Wassertemperatur:** 26–30 °C
- **Beste Jahreszeit:** Juli–Dez.
- **Schwierigkeit:** ■–■■■■■
- **Artenreichtum Korallen:** ■■■
- **Artenreichtum Fische:** ■■■■
- **Großfische:** ■■■■■
- **Wracks:** –
- **Höhlen:** –
- **Steilwände:** –
- **Schnorcheln:** ■■■

Insel zur Verfügung. Typische Merkmale dort sind die vielen Hartkorallen. Auch Begegnungen mit einigen Großfischen sowie mit Barrakudaschwärmen, Napoleons und Schildkröten sind an der Tagesordnung. Eine Basis bietet sogar garantiertes Haitauchen an. Das dritte Gebiet sind die Passagen zwischen dem umlaufenden Riff, in denen Taucher immer etwas erleben können, wenn Strömungen auftreten. Für dieses Terrain ist jedoch einige Erfahrung die Voraussetzung.

Angenehm ist, dass alle Tauchspots nicht weit von den Basen entfernt liegen. Einer der Toptauchgänge startet im *Coral Rose Garden* im Norden von Moorea, wo vielfältige Korallen bewundert werden können. Aufgetaucht wird dann im *Lemon Shark Valley,* wo etliche Zitronenhaie das Highlight sind. Einige ihrer Verwandten wie Grau-, Ammen-, Schwarz- oder Weißspitzenhaie sind ständig bei den Spots *Tiki* und *Taotoi* an der Nordwestspitze der Insel anzutreffen.

In den Sommermonaten hat man sogar das Glück, mit riesigen Buckelwalen schnorcheln zu können, die nahe an der Küste vorbeiziehen – ein Höhepunkt in jedem Taucherleben.

Linke Seite: Majestätischer Wal in den Gewässern von Tahiti

Oben: Taucher begegnet Hai an der Dekompressionsleine

Unten: Moorea aus der Vogelperspektive

SÜDLICHER PAZIFIK: FIDSCHI-INSELN

Fidschi-Inseln

DER INSELSTAAT AUF DEM 180. MERIDIAN, DER INTERNATIONALEN DATUMSGRENZE, WIRD GERNE ALS DAS „ZENTRUM DER WEICHKORALLEN" BEZEICHNET. BESONDERS DER WELTWEIT BEKANNTE SPOT GREAT WHITE WALL IST EINE WAHRE AUGENWEIDE.

Die Fidschi-Inseln liegen etwa 3000 Kilometer östlich von Australien und galten noch bis Ende des 18. Jahrhunderts als gefährlich, denn es gab tatsächlich Menschenfresser. Heute erinnert nur noch ein Grab an den letzten Kannibalenkönig, ansonsten gilt das malerische Land als sehr gastfreundlich. Seit 1970 sind die 332 Fidschi-Inseln unabhängig, seit 1987 eine Republik. Mehrere Staatsstreiche sorgten in den letzten Jahren für ein Auf und Ab, auch für den Tourismus. Dennoch haben sich auf den Hauptinseln Viti Levu und Vanua Levu und vielen weiteren Inseln Tauchbasen etabliert. Diese bieten meist Ausfahrten mit ein bis zwei Tauchgängen oder Tagestouren an.

Die Topografie der Tauchplätze reicht von Steilwänden über leicht abfallende Riffe bis zu einzelnen kleinen Korallenbergen, die wie Pilze bis an die Wasseroberfläche ragen, die sogenannten Boomies.

Der Osten von Viti Levu, speziell die Riffe um die vorgelagerten Inseln Mamanuca und Yasawa, sowie die Insel Nananu-i-Ra vor der Stadt Rakiraki sind sehr beliebt. Im Norden sind bei *Breath Taker* Haibegegnungen möglich und *Dream Maker* ist mit einem schönen Korallenbewuchs ein eindrucksvoller Spot. Korallentürme sieht man bei den *Pinnacles* und beim Tauchplatz *Golden Dreams,* dessen Name auf die Farbe der Weichkorallen anspielt.

Jeder, der auf den Fidschi-Inseln taucht, sollte die *Great White Wall*, den wohl bekanntesten Platz im

Archipel, nicht verpassen. Die senkrechte, „weiße" Steilwand gehört zum Rainbow Reef vor der Insel Taveuni, die von der Hauptstadt Suva auf Viti Levu in einer Flugstunde zu erreichen ist. Man gelangt an den oft strömungsreichen Platz, der 50 Meter lang von kleinen weißen Weichkorallen geschmückt ist, am besten vom Riffdach aus durch einen eindrucksvollen Tunnel.

Der Spot ist nur einer von den vielen in der Somosomo-Straße, der Meerenge zwischen Taveuni und Vanua Levu. Die Fassaden vieler Riffe sind mit Korallen in knalligen Rot-, Lila-, Pink-, Gelb- und Orangetönen verziert. Dazu zählen unter anderem die Spots *Yellow Grotto*, *Annies Boomie*, *Jerry's Jelly* und *The Ledge*.

Die Tauchplätze im nordöstlichen Kanal Blighwater sind am besten mit einem Kreuzfahrtschiff zu erreichen. Hier warten das *Riff E 6*, welches aus 1000 Metern Tiefe nach oben reicht, oder der *Mount Mutiny*, der wie eine Oase in der umliegenden Tiefsee liegt. Am *Cat's Meow* oder bei *Human Resorce* flitzen tausende Fahnenbarsche zwischen explodierenden Farben umher und in der *Nigali-Passage* erlebt man viel Aktion mit Haien, Barrakudas, Makrelen, Barschen, Muränen und Seeschlangen.

Linke Seite: Verschiedene Weichkorallen besiedeln eine abgestorbene Tischkoralle

Oben: Faszinierendes Farbspiel mit Nacktschnecke

Unten: Weichkoralle unter einem Überhang

70 FAKTEN

- **Tiefe:** 5–40 m
- **Sichtweite:** 10–40 m
- **Wassertemperatur:** 27–30 °C
- **Beste Jahreszeit:** April–Okt.
- **Schwierigkeit:** ■–■■■■■
- **Artenreichtum Korallen:** ■■■■■
- **Artenreichtum Fische:** ■■■■
- **Großfische:** ■■■■
- **Wracks:** ■■■
- **Höhlen:** ■■■
- **Steilwände:** ■■■■■
- **Schnorcheln:** ■■■■

SÜDLICHER PAZIFIK: NEUSEELAND

Neuseeland

RUND UM DAS ISOLIERT LIEGENDE NEUSEELAND IST DAS SPEKTRUM DER LEBEWESEN UNTER WASSER SEHR VIELFÄLTIG UND REICHT VON VERTRETERN DES KALTEN BIS ZU DENEN DES WARMEN WASSERS. DIE BELIEBTESTEN SPOTS LIEGEN UM DIE POOR KNIGHT ISLANDS.

Zum Festland Neuseelands zählen die Nord- und die Südinsel, die durch die Cookstraße getrennt werden. Hinzu kommen weitere 700 Inseln, die im Norden auf halbem Weg nach Fidschi liegen und im Süden zur subantarktischen Inselwelt gezählt werden. Vor der insgesamt etwa 15 000 Kilometer langen Küstenlinie können Taucher einiges entdecken.

Um die vom Tauchtourismus noch eher weniger beachtete Südinsel gibt es einige lohnenswerte Reviere: Im Südwesten wachsen im „Fjordland Marine Reserve", der zur Fjordlandschaft des Milford Sound gehört, rote und schwarze Korallen bereits in einer Tiefe zwischen 5 und 20 Metern. Ganz im Süden zeichnet sich Stewart Island durch einen großen Artenreichtum an Fischen aus und an der Ostküste kann man bei der Stadt Kaikoura Wale, Delfine, Seelöwen, Blauhaie und sogar Makohaie beobachten. Im Norden der Südinsel liegt mit Waikoropupu Springs der wohl klarste Quelltopf der Welt und im Marlborough Sound an der Nordspitze kann das russische Wrack der „MS Michael Lermontov" betaucht werden.

Auf der Nordinsel, die von subtropischen wärmeren Strömungen umspült wird, findet man mehr Tauchtouristen. Die meisten Tauchreviere liegen nördlich von Auckland. Vor der Stadt Tauranga gibt es bekannte Langustenplätze, etwas nördlicher stößt man im „Tuhua Marine Reserve" auf Spots mit Höhlen, Steilwänden und dicht bewohnten Kelpwäldern. Rund um den noch aktiven Vulkan White Island, der sich etwa 50 Kilometer vor der Stadt Whakatane befindet, verteilen sich ebenfalls einige abenteuerliche Plätze.

Vom Hafen in Tutukaka sind es nur 21 Kilometer zu den Poor Knight Islands, die gleich mehrere Topspots zu bieten haben. Der *Northern Arch* ist der Paarungsplatz vieler Stechrochen und im Tunnel *Blue Maomao Arch* leben Schulen der gleichnamigen Fische. Auf Schwämmen entdeckt man kleine Schleimfische und Nacktschnecken, vor Steilwänden oder zwischen Kelp schwimmen tropische Vertreter wie der Red Pigfish, Demoisellen, Muränen, Skorpions- und Lippfische.

Vor den östlichen Cavalli-Inseln wurde das frühere Greenpeace-Flaggschiff „Rainbow Warrior" versenkt, nachdem es 1985 durch einen Anschlag des französischen Geheimdienstes im Hafen von Auckland beschädigt wurde. Im Laufe der Jahre wurde das Wrack von Juwelenanemonen und Fischen besetzt. Etwas weiter südlich ziehen vor dem kleinen Touristenzentrum Pahaia in der traumhaften Bay of Islands massenweise Delfine umher.

Rechte Seite: Elegante Überflieger – die Rochen von Poor Knights

Unten links: Der Kelpwald – die gute Stube der Fischwelt

Unten rechts: Ein winziger Blauaugen-Dreiflosser lauert auf einer bunten Terrasse vor seiner Wohnhöhle

71 FAKTEN

(Die Angaben beziehen sich auf das Haupttauchgebiet um die Poor Knights)

- **Tiefe:** 10–36 m
- **Sichtweite:** 10–30 m
- **Wassertemperatur:**
  Jan.–April: 20–23 °C,
  Mai–Sep.: 15–16 °C,
  Sep.–Dez.: 16–20 °C
- **Beste Jahreszeit:** Jan.–April
- **Schwierigkeit:** ■□□□□
- **Artenreichtum Korallen:** ■■■■
- **Artenreichtum Fische:** ■■■■
- **Großfische:** ■■■■
- **Wracks:** ■■■
- **Höhlen:** ■■■■
- **Steilwände:** ■■■■
- **Schnorcheln:** ■■■

SÜDLICHER PAZIFIK: AUSTRALIEN
Nördliches Great Barrier Reef

VOR DER OSTKÜSTE AUSTRALIENS LIEGT DAS LÄNGSTE RIFFSYSTEM DER ERDE, WELCHES ALS WELTNATURERBE UNTER DEM SCHUTZ DER UNESCO STEHT. TROPISCHE INSELN, FISCHE, KORALLEN UND WALE BEGEISTERN JÄHRLICH MILLIONEN VON TOURISTEN.

Nördliches Great Barrier Reef

Das Great Barrier Reef ist mit einer Länge von etwa 2300 Kilometern das größte von kleinsten Lebewesen erschaffene „Bauwerk" der Welt. Genau betrachtet handelt es sich um knapp 2900 einzelne Riffe und fast 1000 Inseln, die von klarem Wasser und einer artenreichen Unterwasserflora und -fauna umgeben sind. Gerne wird das komplett unter Naturschutz stehende, etwa 10 000 Jahre alte Riff auch als achtes Weltwunder bezeichnet.

Es verläuft fast parallel zur Küste des australischen Bundesstaats Queensland und wird aufgrund seiner enormen Länge in verschiedene Abschnitte eingeteilt. Zum nördlichen Great Barrier Reef zählen die Region Cairns, die Ribbon Reefs, die Northern Coral Sea und die Far Northern Reefs östlich der Halbinsel von Cape York.

Tauchexperten halten die Far Northern Reefs zwischen Lizard Island und der Torres-Straße vor Papua-Neuguinea für die besten des ganzen Gebietes. Sie sind unberührt und abgeschieden, Kreuzfahrten werden wetterbedingt nur von August bis Dezember angeboten. Die meisten Touren beginnen circa 500 Kilometer nördlich der Stadt Cairns in Lockhart River. An diesen Tauchplätzen herrscht meist extrem gute Sicht und häufig sind verschiedene Haiarten anzutreffen – dementsprechend oft sind starke Strömungen vorhanden.

Ein besonderes Erlebnis ist an vielen Spots im Great Barrier Reef das „Coral Spawning" im November, wenn die Korallen Eier und Sperma ausstoßen.

Viele Fische werden durch diese Leckerbissen angelockt und es entsteht ein fantastisches Farbspiel.

Die Riffe der Northern Coral Sea reichen aus 1000 Metern Tiefe fast bis zur Wasseroberfläche empor. Das Osprey Reef, das Holmes Reef und das Bougainville Reef liegen weit vom australischen Festland entfernt und sind nur per Liveaboard von Cairns oder Port Douglas aus zu erreichen. Für die bis zu 350 Kilometer lange Anfahrt wird man mit atemberaubenden Steilwänden, flinken Räubern, Napoleons, Mantas und riesigen Fächer- und Weichkorallen bestens belohnt.

Das Cod Hole ist mit seinen zahmen Riesenzackenbarschen der bekannteste Spot des 100 Kilometer langen Ribbon Reefs vor Cooktown, welches ebenfalls nur während Mehrtagestouren angesteuert wird. Die beste Chance, hier Zwergwalen (Mink Whales) zu begegnen, hat man zwischen Mai und Juli.

Vor Cairns und Port Douglas befinden sich die meistbesuchten, preisgünstigeren und in Tagesausflügen erreichbaren Tauchspots des Great Barrier Reefs. Die Plätze sind empfehlenswert, jedoch mit den nördlichen Riffen nicht vergleichbar.

Linke Seite: Schwarm junger Barrakudas

Oben: Imposante Mördermuschel

Unten: Wal trifft Schnorchler

72 FAKTEN

- **Tiefe:** 2–40 m
- **Sichtweite:** 15–40 m
- **Wassertemperatur:** 22–29 °C
- **Beste Jahreszeit:** Far Northern Reefs: Okt.–Dez., Northern Coral Sea u. Ribbon Reefs: April–Jan.
- **Schwierigkeit:** ■−■■■■■
- **Artenreichtum Korallen:** ■■■■
- **Artenreichtum Fische:** ■■■■
- **Großfische:** ■■■■■
- **Wracks:** ■■■
- **Höhlen:** ■■■
- **Steilwände:** ■■■■■
- **Schnorcheln:** ■■■■■

SÜDLICHER PAZIFIK: AUSTRALIEN

Südliches Great Barrier Reef

UNTERHALB VON CAIRNS LIEGEN DIE ZWEI TAUCHGEBIETE SOUTHERN CORAL SEA UND SOUTHERN GREAT BARRIER REEF. DIE TAUCHPLÄTZE ERREICHT MAN NUR MIT DEM SCHIFF, DAFÜR GIBT ES JE NACH SAISON BABYSCHILDKRÖTEN, HAIE, MANTAS ODER BUCKELWALE.

Da das gesamte Great Barrier Reef vom Festland entfernt liegt, benötigt man immer ein Transportmittel, um zu den Tauchplätzen zu gelangen. Tauchern stehen alle Möglichkeiten offen. Wer sich die eintägigen Schiffstouren sparen will, fliegt mit dem Helikopter oder einem Wasserflugzeug zum Tauchplatz oder reist mit einem Liveaboard. Wahlweise kann man sich auch für eine gewisse Zeit auf einer Insel absetzen lassen oder man entscheidet sich für eine kürzere Schnorcheltour. Auch hierfür gibt es, neben den überfüllten Megaschiffen, spezielle Tourenanbieter.

Im Süden zieht sich das Great Barrier Reef über den südlichen Wendekreis hinaus bis auf die Höhe der Stadt Bundaberg. In dem riesigen Riffsystem gibt es Spots von unterschiedlichster Qualität und auch der Andrang der Tauchtouristen variiert.

Zu den Tauchgründen des Riffabschnittes der Southern Coral Sea startet man in der Regel in Townsville. Von hier sind es etwa 230 Kilometer bis zu den meisten Tauchplätzen, was eine circa zwölfstündige Anfahrt bedeutet. Diese ist häufig eine recht wellige Angelegenheit und nur seefesten und erfahrenen Tauchern zu empfehlen. Einmal angekommen, wird man bestens entschädigt: Klare Sichtverhältnisse, Drifttauchgänge, tief abfallende Steilwände, Großfischbegegnungen mit diversen Haiarten, Mantas oder Rochen sind ebenso typisch für das Revier wie große Fächerkorallen und Riesenschwämme.

Südliches Great Barrier Reef

73 FAKTEN

- **Tiefe:** 2–40 m
- **Sichtweite:** 10–40 m
- **Wassertemperatur:** 21–27 °C
- **Beste Jahreszeit:** Southern Coral Sea: Sep.–Jan., April–Dez.
- **Schwierigkeit:** ■-■■■
- **Artenreichtum Korallen:** ■■■■
- **Artenreichtum Fische:** ■■■■■
- **Großfische:** ■■■■■
- **Wracks:** ■■■
- **Höhlen:** ■■■
- **Steilwände:** ■■■■
- **Schnorcheln:** ■■■■■

Spannende Haifütterungen gibt es am Flinders Reef, welches auch für seine Schildkröten bekannt ist. Weniger angefahren werden aufgrund der Wetterabhängigkeit Herald Cay und das Dart Riff. Oft besucht wird das unter Denkmal- und Naturschutz stehende Wrack der 110 Meter langen „Yongola" (18–30 m tief), die 1911 in einem Sturm nur acht Kilometer vor der Küste südlich von Townsville sank. Sie ist komplett von Korallen eingenommen und bietet Schutz für viele Groß- und Kleinfische.

Der größte Abschnitt des Great Barrier Reefs ist das Southern Great Barrier Reef, das von Gladstone oder Bundaberg angesteuert wird. Es reicht von den Whitsunday Islands im Norden bis zum „Capricorn & Bunker Marine Park" im Süden, wo auch die beliebten Resortinseln Heron Island und Lady Elliot Island liegen. Diese stehen für kurze Ausfahrten zu herrlichen Korallenformationen, vielen Tropenfischen, Riffhaien und Schildkröten in niedrigen Tiefen. Das ganze Jahr wird hier etwas geboten: frisch geschlüpfte Schildkröten von Januar bis April, riesige Buckelwale von Juni bis Oktober und elegante Teufelsrochen von November bis Februar.

Linke Seite: Manta an Putzerstation

Oben: Rotfeuerfisch mit seinen giftigen Stacheln

Unten: Great Barrier Reef bei Gladstone, Queensland

SÜDLICHER PAZIFIK: AUSTRALIEN
Tasmanien

VOR DER OSTKÜSTE VON AUSTRALIENS GRÖSSTER INSEL LIEGEN GLEICH VIER MARINE-PARKS. DIE TAUCHER, DIE ES HIERHER ZIEHT, LIEBEN KELPWÄLDER, HÖHLEN, WRACKS UND BESONDERS FETZENFISCHE.

Die Landschaft der südöstlich von Australien gelegenen Insel ist so eindrucksvoll, dass knapp die Hälfte als Nationalparks ausgewiesen und ein Viertel von der UNESCO als Weltnaturerbe deklariert wurde. Etwa ein Dutzend Tauchcenter bieten Gästen aus aller Welt ihre Dienste an und führen sie in eine fantastische Unterwasserwelt vor der Küste Tasmaniens.

Südöstlich der Hauptstadt Hobart liegt das beliebte Tauchrevier Eaglehawk Neck mit spektakulären Höhlen. Hier setzen sich bei Waterfall Bay stellenweise die hohen Klippen als herrlich bewachsene Felsformationen mit einer bunten, artenreichen und außergewöhnlichen Flora und Fauna unter den Wellen fort. Aufgrund starker Erosion sind Höhlen und Tunnel verschiedener Gesteinsarten entstanden, eine der bekanntesten ist die *Cathedral Cave*.

In riesigen Kelpwäldern verstecken sich exzellent getarnte kleine Fetzenfische, die in Tasmanien besser als Weedy Sea Dragons bekannt sind. Diese außergewöhnlichen Verwandten der Seepferdchen sind nur im Süden Australiens beheimatet. Ein tolles Wrack mit üppiger Fischvielfalt ist die „SS Nord", die 1915 auf 42 Meter Tiefe gesunken ist.

74 FAKTEN

- **Tiefe:** 5–40 m
- **Sichtweite:** 10–25 m
- **Wassertemperatur:** 10–17 °C
- **Beste Jahreszeit:** April–Juli
- **Schwierigkeit:** ■–■■■■■
- **Artenreichtum Korallen:** ■■
- **Artenreichtum Fische:** ■■■■
- **Großfische:** ■■■
- **Wracks:** ■■■
- **Höhlen:** ■■■■
- **Steilwände:** ■■■
- **Schnorcheln:** ■■

Unten links und rechts: Kleiner Fetzenfisch – auch als Weedy Sea Dragon oder Nadelpferdchen bekannt

PAZIFIK: USA
Kalifornien

IM WESTEN DER USA KÖNNEN TAUCHER IM EHER KÜHLEREN PAZIFIK ETWAS GANZ BESONDERES ERLEBEN: ZWISCHEN BIS ZU 30 METER HOHEN KELPWÄLDERN KANN MAN MIT SEELÖWEN, BUNTEN FISCHEN ODER SOGAR BLAUHAIEN TAUCHEN.

Kalifornien

Das Tauchen vor der Küste des „Golden State" ist fast nur Amerikanern bekannt. Etwa zwei Stunden Autofahrt auf dem Highway Nr. 1 von San Francisco Richtung Süden trifft sich die Taucherszene rund um die weltbekannte Stadt Monterey. Hier gibt es ausreichend Tauchboote und die Möglichkeit, direkt vom Ufer aus zu tauchen.

Das wohl beste Tauchrevier Kaliforniens findet sich im Naturschutzgebiet Point Lobos, wo die Anzahl der Taucher gesetzlich limitiert ist. Am schönsten ist das Tauchen im Riesenkelp, der längsten Wasserpflanze der Welt, im Spätsommer. Im Unterwasserdschungel stolzieren Krabben und Seesterne umher, fressende Nacktschnecken trifft man ebenso an wie Anemonen und Kelpfische. Faszinierend sind die akrobatischen Leistungen der Seelöwen und Seehunde, wenn sie jagen oder spielen.

Weiter südlich bei Catalina Island kann man mit etwas Glück Blauhaie sehen. Um die Insel wächst das Kelp, in dem auch farbenprächtige Garibaldi-Fische leben, bis zu 30 Meter hoch. Vor San Diego können Taucher im Freiwasser aus Käfigen heraus verschiedene Haie beobachten.

Oben links: Juwelenanemonen – wie ein Feuerwerk

Oben rechts: Kelp – eine Form der Braunalgen

Unten: Blauhaie haben große Augen und eine lange Schnauze

75 FAKTEN

- **Tiefe:** 2–40 m
- **Sichtweite:** 1–20 m
- **Wassertemperatur:** 11–22 °C
- **Beste Jahreszeit:** Juli–Okt.
- **Schwierigkeit:** ■–■■■■
- **Artenreichtum Korallen:** ■■
- **Artenreichtum Fische:** ■■■
- **Großfische:** ■■■
- **Wracks:** ■■
- **Höhlen:** ■■■
- **Steilwände:** ■■■■
- **Schnorcheln:** ■■■

PAZIFIK: MEXIKO

Baja California

ZWISCHEN DER HALBINSEL BAJA CALIFORNIA UND DEM MEXIKANISCHEN FESTLAND LIEGT EIN NEBENMEER DES PAZIFIKS – DER FISCHREICHE GOLF VON KALIFORNIEN. TAUCHER AUS ALLER WELT WERDEN DURCH MANTAS, WALE, HAIE UND SEELÖWEN ANGELOCKT.

Als Baja California bezeichnet man neben der gesamten Halbinsel auch den darauf liegenden nördlichsten Bundesstaat Mexikos sowie ganz allgemein die Tauchregion. Dazu zählt der bis zu 3000 Meter tiefe Golf von Kalifornien, der auch als Cortés-See bekannt ist. Dieser erstreckt sich über eine Länge von etwa 1150 Kilometern und eine Breite von knapp 160 Kilometern vom Mündungsdelta des Colorados im Norden bis nach Cabo San Lucas im Süden. Im Golf mischen sich Strömungen aus der Tiefsee mit der nährstoffreichen Versorgung des einfließenden Colorado, sodass es ein Überangebot an Nahrung gibt und sich ein mannigfaltiges marines Leben entwickelt hat.

La Paz, die Hauptstadt des Bundesstaates Baja California Sur, bildet mit seiner Bucht im Süden der Halbinsel das Zentrum des Tauchsports. Eines der Tauchresorts liegt etwas abgelegen und ideal in der Pichilinque Bay und verfügt über eine eigene Dekompressionskammer. Von hier erreicht man die Spitzenplätze um die Inseln Espíritu Santo, Los Islotes und Cerralvo in etwa 1,5 bis 2 Stunden Bootsfahrt. Um diese ragen sogenannte Seamounts, regelrechte Unterwasserberge, aus der Tiefsee bis auf 10 bis 20 Meter unter der Wasseroberfläche empor. Sie sind Treffpunkt einiger Hochseefische.

Seelöwen sieht man bereits nicht weit vom Tauchresort entfernt beim *San Rafaelos Lighthouse*. 20 Minuten Bootsfahrt weiter kann das Wrack der

76 FAKTEN

- Tiefe: 1–40 m
- Sichtweite: 5–30 m
- Wassertemperatur: 18–28 °C
- Beste Jahreszeit: Juli–Nov.
- Schwierigkeit: ▪–▪▪▪▪▪
- Artenreichtum Korallen: ▪▪▪
- Artenreichtum Fische: ▪▪▪▪
- Großfische: ▪▪▪▪▪
- Wracks: ▪▪▪
- Höhlen: ▪▪▪
- Steilwände: ▪▪▪▪
- Schnorcheln: ▪▪▪▪

„Salvatierra" erkundet werden. Die Fähre ist 1976 auf das Swanee-Riff aufgelaufen und heute begehrter Lebensraum der Fische. Besonders fotogen sind die Cortez- und die Königskaiserfische sowie die Felsböcke der *Old Sea Lions Colony*, die mit Seefächern bewachsen sind.

Im Norden der Insel Cerralvo liegt *La Reina*: Riesenbüschelbarsche, Mantas und Seelöwen lieben diesen „königlichen" Platz, an dem auch Überreste eines Wracks verstreut sind.

Etwa 50 Kilometer nördlich von La Paz stößt man auf die *Los Islotes*, zwei kleine Felseninseln vor der Isla La Partida. Ihre Besonderheit sind die mehr als 200 freundlichen Seelöwen, die sich das ganze Jahr über bestens beobachten lassen. Rings um die Inseln leben auch Barrakudas, Muränen, Surgeon-Doktor- und Damselfische sowie Schnapper.

Das weiter nordöstlich gelegene *El Bajo* ist bekannt für seine Hammerhairudel, die im tiefen Freiwasser vor dem Riff umherziehen. Selbst Orcas, Wale und Weiße Haie wurden immer wieder gesichtet. Ebenfalls riesige Begegnungen versprechen die Monate September bis November in der Bucht vor La Paz mit Walhaien und Mantas.

Linke Seite: Wahre Glücksmomente für Taucher sind Begegnungen mit den größten Fischen – den Walhaien

Oben: Seelöwen sind schnelle, aber perfekte Models

Unten: Cortez-Büschelbarsch mit toller Zeichnung

PAZIFIK: MEXIKO

Socorro-Inseln

DIE KLEINE INSELGRUPPE IM PAZIFIK ETWA 400 KILOMETER SÜDLICH DER HALBINSEL BAJA CALIFORNIA VERSPRICHT BEGEGNUNGEN MIT VIELEN HAIEN. EINZIGARTIG IM „MEXIKANISCHEN GALAPAGOS" IST DAS INTERAKTIVE TAUCHEN MIT RIESIGEN MANTAS.

Die vier Vulkaninseln Socorro, San Benedicto, Roca Partida und Clarión bilden den Archipel der Socorro-Inseln, die auch als Revillagigedo-Inseln bekannt sind. Zu erreichen sind die exponierten Eilande mit Kreuzfahrtschiffen, die in Cabo San Lucas an der Südspitze von Baja California starten. Die meist wellige Überfahrt dauert etwa 22 Stunden. Da Clarión nochmals knapp 400 Kilometer von der Hauptinsel Socorro entfernt liegt, wird sie nur selten von Tauchschiffen angesteuert.

Die unwirtlich erscheinenden Inseln sind unbewohnt und wurden 1994 von der UNESCO zum Biosphärenreservat erklärt. Auf Socorro und Clarión ist die mexikanische Marine stationiert, die unter anderem das seit 2002 bestehende Fischfangverbot kontrolliert, welches nach einem Massaker an Großfischen verhängt wurde.

San Benedicto ist durch seine riesigen Manta-Rochen, deren „Flügel" bis zu sechs Meter Spannweite messen, international bekannt geworden. Man trifft die friedlichen Giganten rund um den *Submarine Channel*, der sich auf der Ostseite der etwa sechs Quadratkilometer kleinen Insel befindet. Der Platz beginnt 15 Meter unter der Wasseroberfläche und endet in etwa 2000 Metern Tiefe.

Atemberaubend ist der *Boiler*, ein Unterwasserberg, der aus 50 Metern Tiefe nach oben ragt. Hier ist interaktives Tauchen mit Mantas möglich: Die imposanten Riesen wollen tatsächlich angefasst und gekrault werden, sie verharren dann eine Zeit lang wie hypnotisiert. Das Berühren ist ansonsten weltweit verboten und nur hier mit einem ausführlichen Briefing zum richtigen Verhalten erlaubt. Handschuhe, Messer und Lampen sind tabu, das Anfassen der Flügelspitzen und des Schwanzes ebenfalls. Vorsicht ist geboten gegenüber den bissfreudigen Schiffshaltern, die sich an Mantas festsaugen, geboten.

An beiden Spots gibt es noch weitaus mehr zu sehen. In Höhlen dösen Weißspitzenhaie neben Langusten, kleinere Zackenbarsche liegen auf der Lauer und Rochen verbuddeln sich im Sand. Die Farbtupfer im Riff sind orange Engelsfische und bunte Lippfische.

Völlig ungeschützt im Pazifik liegt *Roca Partida* und kann daher nur betaucht werden, wenn das Wetter mitspielt. Um die Felszacken des superlativen Platzes treffen sich die großen Bewohner des Pazifiks. Hunderte von schwarzen Makrelen stehen dicht an dicht, Galapagos-, Seiden- und Silberspitzenhaie schwimmen umher, etwas tiefer ein Rudel von Hammerhaien. Am *Papos Reef* bei Socorro mischen sich Haie zwischen Makrelen, Grunzer und Falterfische.

Linke Seite: Socorro ist bekannt für seine Mantas

Oben: Lippfisch-Weibchen vor San Benedicto

Unten: Mantas nähern sich, um sich kraulen zu lassen

 **FAKTEN**

❖ **Tiefe:** 10–40 m
❖ **Sichtweite:** 5–35 m
❖ **Wassertemperatur:** 21–28 °C
❖ **Beste Jahreszeit:** Nov.–Mai
❖ **Schwierigkeit:** ■−■■■■
❖ **Artenreichtum Korallen:** ■■
❖ **Artenreichtum Fische:** ■■■■
❖ **Großfische:** ■■■■■
❖ **Wracks:** ■
❖ **Höhlen:** ■■■
❖ **Steilwände:** ■■■■■
❖ **Schnorcheln:** ■■

PAZIFIK: COSTA RICA

Cocos-Insel

WER IN DIE UNTERWASSERWELT RUND UM DIE COCOS-INSEL ABTAUCHEN WILL, MUSS EINE LANGE ANFAHRT IN KAUF NEHMEN. DOCH DIESE LOHNT SICH – HAMMERHAIRUDEL, WEISSSPITZENHAIE UND DER UNGLAUBLICHE FISCHREICHTUM SIND EINFACH TRAUMHAFT.

Cocos-Insel

Rund 500 Kilometer von Costa Rica entfernt, isoliert inmitten des Pazifiks, nur 24 Quadratkilometer groß und unbewohnt – die Cocos-Insel ist mystisch und wurde als Schatzinsel bekannt. Etliche Expeditionen führten bereits in den dichten und noch in 634 Metern Höhe vorhandenen Regenwald, doch gefunden wurde bisher keiner der hier angeblich versteckten Piratenschätze.

Der wahre Schatz der Vulkaninsel ist ihre wilde Natur mit über 200 Wasserfällen, Schluchten und Bergen – und die faszinierende Unterwasserszenerie. Deshalb wurde sie bereits 1978 unter Naturschutz gestellt und 1997 zusammen mit dem umliegenden Meer von der UNESCO zum Weltnaturerbe erklärt.

Die Cocos-Insel ist eines der schwer erreichbaren Traumziele für erfahrene Taucher. Nur wenige Kreuzfahrtschiffe kommen hierher und meistens sind sie früh ausgebucht. Vom Ausgangshafen Puntarenas in Costa Rica benötigt man etwa 36 Stunden für die meist wellige Überfahrt. Doch wer diese überstanden hat, wird mehr als fürstlich belohnt. Über ein Dutzend Spots bieten ultimative Taucherlebnisse.

Die hundertprozentige Haigarantie zieht Taucher aus aller Welt hierher. Die Tauchgänge sind unvergesslich und suchen in ihrer Faszination ihresgleichen – nur auf Galapagos erlebt man Ähnliches. Dutzende von Hammerhaien ziehen ruhig über einen hinweg und aus wenigen Metern Entfernung kann beobachtet werden, wie sie sich an Putzerstationen

78 FAKTEN

- **Tiefe:** 3–40 m
- **Sichtweite:** 15–30 m
- **Wassertemperatur:** 21–28 °C
- **Beste Jahreszeit:** Nov.–Mai
- **Schwierigkeit:** ■■■–■■■■■
- **Artenreichtum Korallen:** ■■
- **Artenreichtum Fische:** ■■■■
- **Großfische:** ■■■■■
- **Wracks:** ■
- **Höhlen:** ■■
- **Steilwände:** ■■■■■
- **Schnorcheln:** ■■■

von Parasiten säubern lassen. Hinzu kommen die vielen Weißspitzenhaie, die sonst nirgends in solchen Massen anzutreffen sind. Tagsüber liegen sie ruhig auf dem Boden und bei Nachttauchgängen kann man sie in großer, kaum vorstellbarer Aktion erleben. Aber auch die Insel Malpelo, ca. 400 Kilometer südwestlich der Cocos-Insel gelegen und zu Kolumbien gehörend, ist bekannt für ihre Tauchgründe mit Hammerhaien. Sie kann von Costa Rica aus angefahren werden.

Nicht nur für Unterwasserfotografen und -filmer ist es ein Erlebnis, große Räuber in ihrem Fressrausch beobachten zu können. Wenn man etwas Glück hat, kann man live miterleben, wie sich nahe der Wasseroberfläche Tausende kleiner Sardinen als „Baitballs" formieren, wenn sie von Thunfischen oder Makrelen gejagt werden. Wild schießen diese in den kugelförmigen, rotierenden Schutzverband hinein. Von dem Spektakel werden auch verschiedene Haie, Delfine, Wahoos oder Vögel angelockt, deren spezielle Jagdtechniken ebenfalls beobachtet werden können.

Das neueste Highlight sind Tauchfahrten mit dem kleinen Unterseeboot „Deepsee", das seit 2008 vom Mutterschiff „Argo" der Undersea Hunter Group bis in 300 Metern Tiefe eingesetzt wird.

Linke Seite: Rudel von Hammerhaien

Oben: Hungrige Muränenfamilie

Unten: Begegnung mit dem bizarren Wander-Fledermausfisch

PAZIFIK: ECUADOR

Galapagos-Inseln

VIELE STRÖMUNGEN UND NÄHRSTOFFREICHES WASSER ZIEHEN RUND UM DEN ABGESCHIEDENEN GALAPAGOS-ARCHIPEL EINE FASZINIERENDE FISCHWELT AN. SIE SIND EIN TOP-TAUCHREVIER FÜR BEGEGNUNGEN MIT WALEN, HAIEN, ROCHEN UND SEELÖWEN.

Galapagos-Inseln

Rechte Seite: Sternenwanderung auf dem Meeresgrund

Unten links: Rochen über Schwarzen Korallen

Unten rechts: Bunter Kaiserfisch

 **79 FAKTEN**

- **Tiefe:** 1–40 m
- **Sichtweite:** 5–25 m
- **Wassertemperatur:**
  Jan.–Juni: 24–29 °C,
  Juli–Dez.: 16–23 °C
- **Beste Jahreszeit:** Aug.–Nov.
- **Schwierigkeit:** ■■■–■■■■■
- **Artenreichtum Korallen:** ■■
- **Artenreichtum Fische:** ■■■■
- **Großfische:** ■■■■■
- **Wracks:** –
- **Höhlen:** ■■
- **Steilwände:** ■■■■■
- **Schnorcheln:** ■■

Die „verzauberten Inseln" liegen rund 1000 Kilometer vom südamerikanischen Ecuador entfernt. Auf den 13 Hauptinseln und den vielen kleineren Inseln lebt eine urtümliche und teils endemische Tierwelt: Urzeitlich aussehende Meerechsen, Landleguane, riesige Schildkröten, Kormorane, Albatrosse, Fregattvögel, Blaufußtölpel und die kleinen Finken, die nach Charles Darwin benannt wurden, können bei Landausflügen beobachtet werden.

Das Gebiet steht bereits seit 1959 unter Naturschutz, heute zählen Land und Wasser zum UNESCO-Weltnaturerbe. Ein staatlich geprüfter Guide muss per Gesetz bei allen Ausflügen dabei sein, auch bei Tauchkreuzfahrten.

Die Tauchplätze rund um die Hauptinseln werden sowohl von Liveaboards als auch von Tagesbooten verschiedener Basen angesteuert. Sie sind außergewöhnlich und ein Schmelztiegel maritimer Lebensformen, jedoch nicht einfach zu betauchen. Sprungschichten, Strömungen, Wellengang und Sichtweiten variieren täglich, sodass Erfahrung gefragt ist. Die Unterwasserszenerie wird von dunkleren Lavafelsen geprägt – bunte tropische Korallenwelten sucht man vergebens.

Zu den bekanntesten Spots zählen die *Gordon Rocks* an der Ostküste der Insel Santa Cruz, wo an einem alten Krater getaucht wird. In diesem Riesenaquarium ist einiges geboten: Muränen, verschiedene Rochen, Hammer- und Galapagos-Haie, Schildkröten, Seelöwen und viele Rifffische. Am *Pinnacle Rock* vor der kleinen Insel Bartolomé entdeckt man zwischen Spalten und in Höhlen Krustentiere, im Freiwasser große Fischschwärme und Rochen sowie dösende Weißspitzenhaie auf dem Grund. Einmalig sind die flinken Galapagos-Pinguine, mit denen man zwischen den Tauchgängen schnorcheln kann.

Weiter nördlich ragt der *Cousins Rock* vor der Ostküste der Insel Santiago etwa zehn Meter aus dem Wasser. Unter ihm wachsen an einer fantastischen Steilwand endemische Schwarze Korallen, im Nahbereich entdeckt man viele Wirbellose wie Weichtiere, Stachelhäuter, Würmer und vielleicht sogar Seepferdchen, die hier 25 Zentimeter und größer sein können. Hammerhaie, Barrakudas, Adlerrochen und selbst Mantas können hautnah gesichtet werden und in den oberen Zonen flitzen neugierige Seelöwen herum.

Weitere spannende Tauchgänge erlebt man an verschiedenen Plätzen bei den Inseln Floreana, Seymour, Santa Fe, Mosquera, Daphne oder den Islas Plaza. Einige der besten Tauchplätze liegen um die ganz im Nordwesten gelegenen, unbewohnten Inseln Wolf und Darwin, denen der Spot Nr. 80 gewidmet ist.

PAZIFIK: ECUADOR

Wolf & Darwin

DIE ZWEI NÖRDLICHSTEN GALAPAGOS-INSELN GEHÖREN ZU DEN WELTBESTEN TAUCHZIELEN. SIE STEHEN UNTER BESONDEREM SCHUTZ UND WERDEN NUR VON WENIGEN SAFARI-BOOTEN ANGESTEUERT. BEI DARWIN WARTET DER WELTKLASSE-SPOT ARCH AUF TAUCHER.

Wolf & Darwin

Nach ihrer Entdeckung durch den spanischen Bischof Tomás de Berlanga im Jahr 1535 war Charles Darwin der nächste Besucher der Galapagos-Inseln, der von sich reden machte. Er unterbrach hier 1835 für einige Wochen seine Forschungsreise auf der „Beagle". Die isolierten Inseln waren ein ideales ökologisches Areal, welches seinen Erkenntnissen, die später die Evolutionstheorie begründeten, diente.

Das kleine, aber weltbekannte Gebiet wurde 2007 auf die Rote Liste der UNESCO gesetzt, als Grund nannte sie den „zunehmenden Tourismus, der immer mehr fremde Spezies einschleppt". Seitdem gibt es gerade für Taucher einschneidende und nicht ganz nachvollziehbare Regeln und Vorschriften der Parkverwaltung. Besonders betroffen sind davon die beiden Topreviere um die Inseln Wolf und Darwin ganz im Norden des Archipels. Momentan dürfen nur fünf Tauchkreuzfahrtschiffe die beiden Inseln ansteuern. Die etwa 260 Kilometer weite Tour Richtung Nordwesten startet in Puerto Ayora auf Santa Cruz.

Steil sind die Klippen von Wolf, wo im Norden geankert wird. Per Beiboot schippert man an die Südostspitze, an der sich die Strömungen teilen und Hammerhaie kreisen. Je ruhiger man sich verhält, desto näher kommen die eleganten Jäger heran. Zwischen schwarzem Vulkangestein leben viele Grüne Muränen, große Büschel- und Zackenbarsche, Schildkröten und Creolenfische.

80 FAKTEN

- **Tiefe:** 1–40 m
- **Sichtweite:** 5–25 m
- **Wassertemperatur:**
  Jan.–Juni: 24–29 °C,
  Juli–Dez.: 16–23 °C
- **Beste Jahreszeit:** Aug.–Nov.
- **Schwierigkeit:** ■■■–■■■■■
- **Artenreichtum Korallen:** ■■
- **Artenreichtum Fische:** ■■■■
- **Großfische:** ■■■■■
- **Wracks:** –
- **Höhlen:** ■■
- **Steilwände:** ■■■■■
- **Schnorcheln:** ■■

Während nur eines Tauchganges kann man hier die Launen der Natur zu spüren bekommen: Temperaturunterschiede von 10 Grad Celsius und Sichtweitenschwankungen zwischen 5 und 20 Metern können durchaus vorkommen, ebenso wie plötzliche Strömungswechsel. Generell bringen der Nordostpassat und der Panamastrom in der ersten Hälfte des Jahres höhere Wassertemperaturen. Ab Juli lassen Südostpassat und Humboldtstrom das Wasser auf 16 bis 23 Grad Celsius abkühlen.

Knappe 40 Kilometer von Wolf entfernt liegt Darwin. Am berühmten *Arch* schwimmen dicht gedrängt und standorttreu tausende Bonitos umher. Auch Hammerhaie sind ständig vertreten, mal sind es 30, mal über 300. Akrobatisch flitzen einige Seelöwen herum, die oft spielerisch kleineren Weißspitzenhaien in die Flossen beißen. Rochen sind hier ebenfalls beheimatet und mit Glück sieht man während des Sicherheitsstopps sogar noch Mantas oder – in den Monaten zwischen August bis November – einen Walhai.

Linke Seite: Seelöwen sind wahre Unterwasserakrobaten

Oben: Hammerhai an der Südostspitze der Insel Wolf

Mitte: Inmitten eines Makrelenschwarms

Unten: Felsenkrabbe in der Gezeitenzone

Das Nebenmeer des Atlantiks ist umschlossen von den Bahamas im Norden, den Kleinen Antillen im Osten, vom Norden Südamerikas und der mittelamerikanischen Landbrücke im Westen. In dieser tropischen Tauchregion finden sich neben herrlichen Riffen mit Gorgonien, Schwämmen und vielen Fischen auch Steilwände, Wracks und Höhlen. Spektakulär sind die Begegnungen mit Haien und Delfinen.

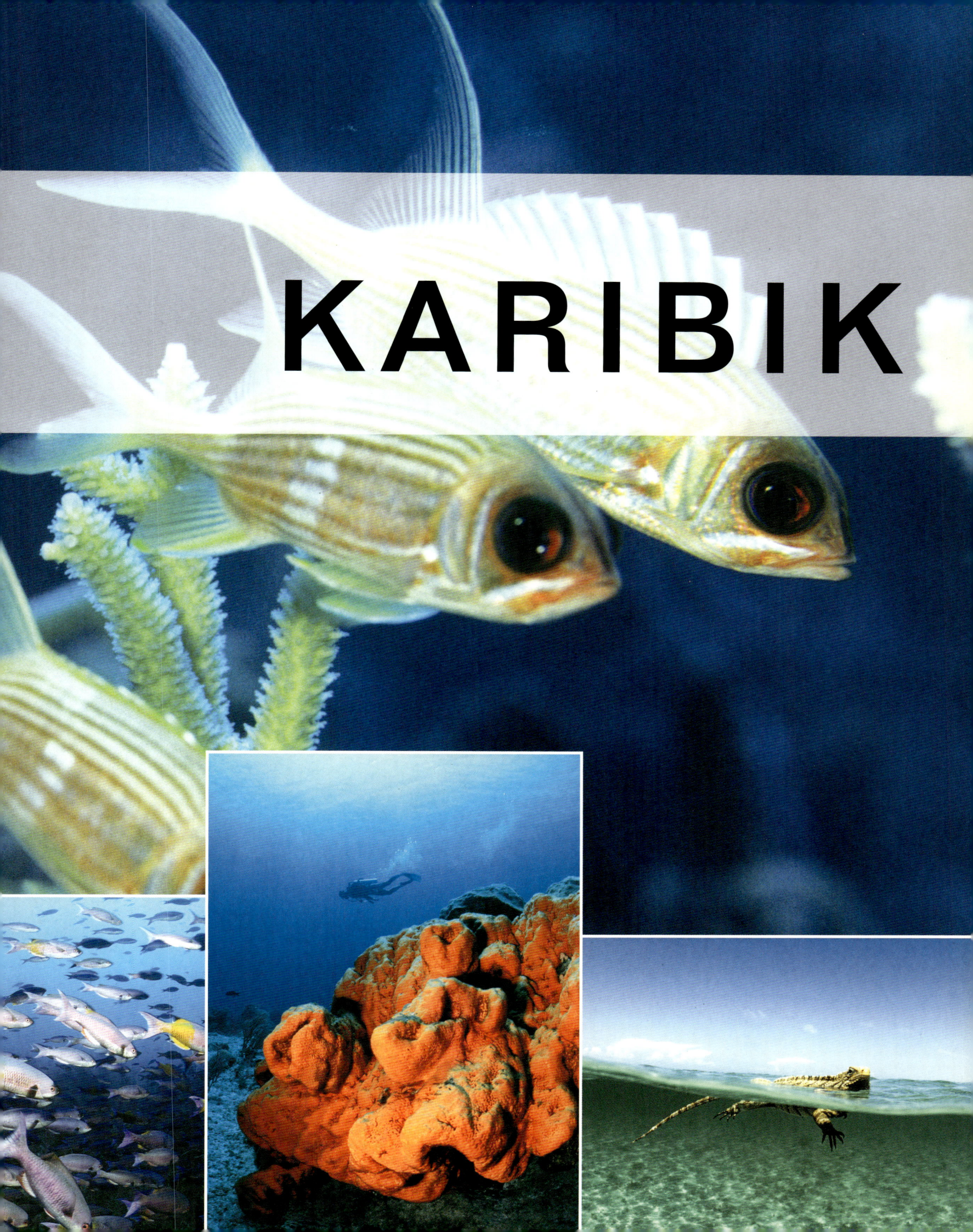

KARIBIK: GRENADA

Grenada

DIE KARIBIKINSEL LÄDT EIN ZUM „EASY DIVING" IN KLAREM, WARMEM UND FISCHREICHEM WASSER. VOR DER KÜSTE GIBT ES VIELE WRACKS, INTAKTE KORALLENRIFFE UND EINEN UNTERWASSER-SKULPTURENPARK.

Das als Gewürzinsel bekannte Grenada bildet mit den Nachbarinseln Carriacou (s. Spot Nr. 82) und Petit Martinique den gleichnamigen Staat, der Mitglied im Commonwealth of Nations ist. Dieser liegt etwa 180 Kilometer nördlich von Venezuela und zählt zu den Kleinen Antillen.

Seit Grenada 1498 von Kolumbus entdeckt wurde, hat es eine historisch bewegte Vergangenheit. Bekanntester Exportschlager ist die Muskatnuss, der beste Wirtschaftsfaktor ist jedoch der Fremdenverkehr. Viele Traumstrände und diverse Möglichkeiten des Aktivurlaubs locken jährlich über 400 000 Touristen an, unter ihnen etliche Taucher. Einige Tauchbasen haben sich um die Südwestecke niedergelassen, wo etwa zwei Dutzend Tauchplätze liegen. Nährstoffreiches Wasser und Strömungen ziehen zahlreiche Fische an. Viele der Tauchgänge können auch von Anfängern gemeistert werden.

Nur erfahrenen Tauchern ist hingegen Grenadas Paradewrack, die „Bianca C", vorbehalten. Das 200 Meter lange, auch als „Titanic der Karibik" bekannte Kreuzfahrtschiff steht aufrecht in 52 Metern Tiefe am Wibbles Reef. Hier muss bei Strömungen in freiem Fall bis zum Oberdeck in 30 Metern Tiefe abgetaucht werden. Das Wrack ist immer für Überraschungen gut und Oase sowie Ballungsraum für Flora und Fauna.

Anfängergeeignet sind das „Quarter" Wrack (10 m tief) und die „Veronika" (15 m tief). Die Wracks „Shakem" und „Rum Runner" liegen beide um die 30

81 FAKTEN

- **Tiefe:** 10–40 m
- **Sichtweite:** 15–50 m
- **Wassertemperatur:** 24–29 °C
- **Beste Jahreszeit:** Nov.–Mai
- **Schwierigkeit:** ■–■■■■■
- **Artenreichtum Korallen:** ■■■■
- **Artenreichtum Fische:** ■■■■
- **Großfische:** ■■■
- **Wracks:** ■■■■■
- **Höhlen:** ■
- **Steilwände:** ■■
- **Schnorcheln:** ■■■

Meter tief und lohnen sich für fortgeschrittene Taucher. Zu der erst 2005 gesunkenen „HEMA 1" (33 m tief) wanderten einige Ammenhaie aus, die ehemals an der „San Juan" (28 m tief) und der „King Mitch" (38 m tief) wohnten. Diese drei Wracks sind aufgrund der Strömungen nicht einfach und nicht immer zu betauchen. Adlerrochen, Schildkröten und Stachelrochen sind permanente Besucher.

Vor dem bekannten Grand-Anse-Strand im Südwesten liegen im Boss Reef herrliche und typisch karibische Korallengärten, wie *Tropicana, Japanese Gardens* oder *Japanese Valleys*. Weiter nördlich findet sich ein geschützter Unterwasserpark mit den Spots *Flamingo Bay, Happy Hill* und *Moliniere Bay*. Diese schönen Korallenplätze sind relativ flach und somit auch ideal für Schnorchler.

Auf der eher welligen atlantischen Seite liegt am *Shark Reef* die Kinderstube der Ammenhaie, wo man auch schon mal einen Manta vorbeifliegen sieht. Der *Lobster Point* wurde nach seinen vielen Langusten benannt und *Stingray-City* nach seinen Rochen.

In den vergangenen Jahren hat der Unterwasser-Skulpturenpark am Moliniere Bay an der Westküste einige Beachtung bekommen. Die 65 Skulpturen des Künstlers Jason Taylor eignen sich besonders zum Schnorcheln.

Linke Seite: Ein Ammenhai sucht Schutz am Wrack der „San Juan"

Oben: Herrliche Weichkorallengärten liegen bereits in niederen Tiefen

Mitte: Blick durch das Bullauge der „King Mitch"

Unten: Kampf zwischen Einsiedlerkrebsen

KARIBIK: GRENADA
Carriacou

WER DIE URSPRÜNGLICHE, UNVERFÄLSCHTE UND RUHIGE KARIBIK SOWIE WEITE WEICH- UND HARTKORALLENGÄRTEN LIEBT, IST MIT TAUCHGÄNGEN RUND UM CARRIACOU BESTENS BEDIENT. DIE INSEL ZÄHLT ZU DEN GRENADINEN UND IST BIS HEUTE EIN INSIDERTIPP.

Carriacou ist die kleine Nachbarinsel von Grenada und von dort mit einer Schnellfähre oder per Kleinflugzeug zu erreichen. Die meisten Einwohner leben von der Landwirtschaft. Hektik ist fremd, der Tourismus spielt eine minimale Rolle. Es gibt nur kleine Pensionen und getaucht wird immer vom Boot aus. Übersetzt heißt Carriacou „das Land der Riffe", tatsächlich ist die bergige Insel von beeindruckenden, intakten Korallenriffen umgeben. Mit ihren nicht weit entfernten Tauchplätzen ist sie ein kleines Paradies für Taucher und Schnorchler.

Da die Insel ebenso wie Grenada im Gegensatz zu den meisten Karibikzielen außerhalb des Hurrikangürtels liegt, kann man hier auch zwischen Juni und November tauchen, wenn im Rest der Karibik immer wieder Wirbelstürme auftreten können.

Typisch sind hohe Weichkorallenwälder und imposante Schwarze Korallenfächer, verschiedene Hartkorallen und riesige Schwämme. Auch die Bandbreite der Unterwasserfauna ist faszinierend. Von kleinen Nacktschnecken über Krebse bis zu großen Langusten, von winzigen Schleimfischen bis zu kapitalen Barrakudas und großen Haien ist vieles vertreten, was in der Karibik lebt. Ideal sind die Tiefen zwischen 8 und 25 Metern, viel tiefer geht es nur selten.

Die meisten Tauchplätze liegen im Westen der Insel vor der kleinen Hauptstadt Hillsborough. *Divers Surprise* ist etwas für Freunde des Nahbereiches und *Western Adventure* vor Sandy Island, wo oft größere Fische zugegen sind, eignet sich für Drifttauchgänge.

Erstaunlich ist, dass es trotz der vielen Riffe fast keine Wracks gibt. Bei der Miniinsel Mabouya sind daher zwei alte Schlepper als künstliche Riffe versenkt worden. Vor der Insel taucht man zudem zwischen fast unberührten Korallenwäldern in der *World of Dreams*, daneben dösen am Tage in *Sharkies Hideaway* recht große Ammenhaie. Im *Magic Garden* blubbert es permanent dank vulkanischer Aktivität aus dem Sand, ein wahres Eldorado für Nacktschnecken.

Spitzentauchgänge versprechen die nahe gelegenen *Sister Rocks* mit Weichkorallen, Gorgonien und Schwämmen, Trompetenfischen, Langusten, Kaiserfischen, Schnappern, Schildkröten und Makrelen. In *Chinatown* vor der südlichen Insel Frigate erinnern Korallenformationen an Pagoden und bei den *Tobago Keys* sind Adlerrochen und Riffhaie anzutreffen.

Nicht weit vom tiefen und noch intakten Unterwasservulkan Kick'em Jenny lockt ein Tauchgebiet der Superklasse, das sowohl von Carriacou als auch von Grenada aus bedient wird: die Isle of Rhonde. An der tiefen Steilwand wachsen Peitschenkorallen, Elefantenohren, Vasenschwämme und riesige Fassschwämme.

Rechte Seite: Säulenkorallen am Tauchplatz Pagoden City

Oben: Porträt einer kleinen Seenadel

Unten: Ein Prachtexemplar einer Languste

 FAKTEN

- **Tiefe:** 8–40 m
- **Sichtweite:** 15–60 m
- **Wassertemperatur:** 25–29 °C
- **Beste Jahreszeit:** Nov.–Mai
- **Schwierigkeit:** ■–■■■■■
- **Artenreichtum Korallen:** ■■■■
- **Artenreichtum Fische:** ■■■■
- **Großfische:** ■■■
- **Wracks:** ■■■
- **Höhlen:** ■
- **Steilwände:** ■■■
- **Schnorcheln:** ■■■■

KARIBIK: NIEDERLÄNDISCHE ANTILLEN

Bonaire

DIE INSEL WIRD VON IHREN BEWOHNERN ALS „DIVER'S PARADISE" BEZEICHNET. SIE BESTICHT TATSÄCHLICH MIT EINER TRAUMHAFTEN UNTERWASSERWELT UND DURCH DIE VIELEN TAUCHPLÄTZE, DIE ALLE EIGENSTÄNDIG VON LAND BETAUCHT WERDEN KÖNNEN.

Bonaire gehört geografisch zu den Kleinen Antillen und politisch zu den Niederländischen Antillen. Sie steht für das „B" der ABC-Inseln, und ist wie „C", Curaçao, ein hochgelobtes und bekanntes Tauchrevier. Die Insel liegt etwa 80 Kilometer vor der Küste Venezuelas, ist von einem Saumriff umgeben und unterliegt als eine der Inseln unter dem Winde nicht dem Einfluss der saisonalen Wirbelstürme.

Die bumerangartig geformte, karge Kalksteininsel Bonaire misst 39 Kilometer in der Länge und zwischen fünf und elf Kilometer in der Breite. Um ihre höchste Stelle auf 240 Metern befindet sich im Norden der über sechs Hektar große „Washington Slagbaai National Park" mit riesigen Kakteen und 200 Vogelarten. Auch das Pekelmeer mit Salzbecken und den vielen Flamingos, eine ehemalige Sklavensiedlung bei Witte Pan und die vorgelagerte Insel Klein Bonaire sind wahre Attraktionen.

Doch die größten Schätze der Insel finden sich unter Wasser. Dies erkannte zuerst der Meeresforscher Hans Hass, der in seinen Büchern vom Tauchparadies schwärmte, als der Tauchsport noch gar nicht existierte. Bonaire ging sehr früh und vorbildlich in die Offensive, um die Unterwasserwelt zu schützen: Der Verkauf von Schildkrötenprodukten, das Harpunieren und das Sammeln von Korallen und Muscheln wurde verboten und bereits 1979 beschloss die Regierung, die umlaufende Küste bis 60 Meter Tiefe zum schützenswerten Marinepark zu erklären.

83 FAKTEN

- Tiefe: 10–40 m
- Sichtweite: 15–55 m
- Wassertemperatur: 25–29 °C
- Beste Jahreszeit: ganzjährig
- Schwierigkeit: ■–■■■
- Artenreichtum Korallen: ■■■■
- Artenreichtum Fische: ■■■■
- Großfische: ■■■
- Wracks: ■■
- Höhlen: ■
- Steilwände: ■■■
- Schnorcheln: ■■■

Deshalb gibt es heute viele Resorts und Basen, die Tauchausrüstungen verleihen. Die Spezialität auf Bonaire ist, dass nach ausführlichen Instruktionen und unter Einhaltung der Parkregeln völlig unabhängig und eigenverantwortlich von Land aus am herrlichen Saumriff getaucht werden darf. Mit einem Leihwagen fährt man an die westliche Leeseite und sucht sich die beste Einstiegsstelle für einen der 60 gelisteten Tauchplätze (z. B. *1000 Steps, Angel City, Bari Reef…*) aus, die durch gelb bemalte Steine schon an der Küstenstraße markiert sind.

In den türkisfarbenen Fluten verzaubern einen bereits nach wenigen Metern tropische Unterwasserlandschaften von Hängen bis zu Steilwänden mit einer grandiosen Flora und Fauna und dem ein oder anderen Wrack. Neben etlichen Fischen begeistern pinkfarbene Seefächer, Weichkorallen und viele verschiedene Schwämme jährlich über 50 000 tauchende Touristen. Die Basen organisieren zudem Bootstouren nach Klein Bonaire, wo es ebenfalls viele lohnenswerte Tauchspots gibt.

Linke Seite: Garnele in einer Anemone

Oben: Farbenprächtiger Saftsauger auf einem Schwamm

Unten: Neugieriger winziger Schleimfisch schaut aus seiner Korallenburg

KARIBIK | 175

KARIBIK: HONDURAS

Roatan

DIE HAUPTINSEL DER ISLAS DE LA BAHIA VOR DER NORDKÜSTE VON HONDURAS IST VON VIELEN SPITZENTAUCHPLÄTZEN UMGEBEN. HIER FINDET MAN GRANDIOSE UNTERWASSERLANDSCHAFTEN, EINE IMMENSE FISCHWELT UND DELFINE, MIT DENEN MAN TAUCHEN KANN.

Nach Honduras auf der mittelamerikanischen Landbrücke zieht es schon lange amerikanische Taucher und Kenner der Karibik, obwohl der Großteil der internationalen Tauchgemeinde mit Inseln wie Guanaja, Barbareta, Utila, den Cayos Cochinos oder Roatan wenig anfangen kann. Dabei lohnt sich eine Reise nicht nur wegen der beeindruckenden ursprünglichen Natur und den Mayaruinen von Copan auf dem Festland, sondern auch wegen der Tauchgründe um die vorgelagerten Inseln.

Die Islas de la Bahia, auch als Bay Islands bekannt, liegen im zweitgrößten Barriereriff der Welt auf einer unterseeischen Bergkette, etwa 50 Kilometer vom Festland entfernt. Roatan ist die größte der Inseln, 49 Kilometer lang, aber nur fünf Kilometer breit.

Tauchtouristisch ist sie sehr gut erschlossen, eine ganze Menge Resorts und Basen sind entstanden. Es wird häufig nach „amerikanischer Art" in größeren Gruppen und sehr diszipliniert getaucht, womit individuelle Taucher manchmal Probleme haben. Dementsprechend sollte man sich vorher informieren, wie die einzelnen Basen arbeiten. Das touristische Zentrum liegt im Westen der Insel, ruhiger geht es im Südosten zu. Rund um Roatan und die schönen Nachbarinseln werden zudem auch Tauchkreuzfahrten angeboten.

Die Riffe auf der Nordseite fallen zunächst langsam auf zehn bis zwölf Meter Tiefe ab und gehen dann

FAKTEN

- **Tiefe:** 6–40 m
- **Sichtweite:** 15–40 m
- **Wassertemperatur:** 25–29 °C
- **Beste Jahreszeit:** Dez.–Juni
- **Schwierigkeit:** ■–■■■
- **Artenreichtum Korallen:** ■■■■
- **Artenreichtum Fische:** ■■■■
- **Großfische:** ■■■
- **Wracks:** ■■■
- **Höhlen:** ■■■
- **Steilwände:** ■■■■
- **Schnorcheln:** ■■■
  (Delfinschnorcheln Anthony's Key Resort: ■■■■■)

steil auf 30 bis 40 Meter. Auf der Südseite beginnen die 40 bis 50 Meter tiefen Drop-Offs bereits in fünf Metern Tiefe.

Bei French Harbour an der Südküste ruht auf 20 Meter tiefem Sandgrund das Wrack der „Prinz Albert", deren viele Versteckmöglichkeiten einige Fische gerne nutzen. Sobald das Tauchboot am Spot *Fishsoup* ankert, bringen viele Fische das Wasser zum Brodeln, Grund dafür ist regelmäßiges Anfüttern durch die Tauchguides. Herrliche Lichtspiele erlebt man an einem Riffdurchbruch beim *Calvins Crack*, fotogene Schluchten, riesige Gorgonien und Schwämme gibt es an der *Church Wall* zu sehen. Einer der schönsten Plätze ist *Mary's Place* mit einer imponierenden und abwechslungsreichen Landschaft inklusive Canyons. Beliebt sind auch die Spots *Herbie's Place* an der Südwestecke und *Herbie's Fantasy* an der Westseite.

Über zwei Dutzend lohnenswerte Tauchspots liegen im näheren Umkreis von Anthony's Key Resort, welches dem Tauchpionier der Insel gehört. Die komfortablen Wasserbungalows stehen vor einer Miniinsel an der Nordküste, wo ein Marinepark gutes Fischaufkommen gewährleistet. Die Spezialität des Resorts sind hautnahe Delfinbegegnungen in der eigenen Lagune und ein Spot mit grauen Riffhaien.

Linke Seite: Farbenfroher Kreolenlippfisch

Oben: Fröhlicher Kofferfisch

Unten: Graues Kaiserfischpaar

KARIBIK: MEXIKO

Banco Chinchorro

NAHEZU UNBEKANNT UND UNZERSTÖRT LIEGT DAS KARIBIKATOLL BANCO CHINCHORRO ZWISCHEN DEN TOURISTENHOCHBURGEN COZUMEL UND BELIZE. ES TRUMPFT AUF MIT RIESIGEN SCHWÄMMEN, EINER ÜPPIGEN KORALLENVIELFALT UND EINEM GROSSEN SCHIFFSFRIEDHOF.

Das Atoll liegt vor der mexikanischen Halbinsel Yucatán auf Höhe der Costa Maya. Zu erreichen ist es nur per Tauchboot von den Fischerorten Majahual und Xcalak. In Majahual docken seit Neuestem große Kreuzfahrtschiffe an, sodass der Ort zeitweise sehr belebt ist, im Gegensatz zum sehr ruhigen Örtchen Xcalak.

Das etwa 45 mal 15 Kilometer große Banco Chinchorro ist von der UNESCO als Biosphärenreservat und von der mexikanischen Regierung als archäologisches Meeresschutzgebiet ausgewiesen. Für die meisten Taucher ist es ein weißer Fleck. Nur etwa 200 Fischer leben vor der größten der drei Inseln in der Lagune des Atolls auf Pfahlbauten. Es gibt Pläne, das Fischen in Zukunft gänzlich zu verbieten.

Ein 1000 Meter tiefes und 30 Kilometer breites Unterwassertal trennt Banco Chinchorro vom Festland. Die Basen benötigen eine Genehmigung, um die Riffe ansteuern zu dürfen. Angeboten werden Tagesfahrten mit drei Tauchgängen; die etwa zweistündige Bootsfahrt über die oft raue See ist meist das größte Hindernis.

Auf der Westseite liegen über ein Dutzend geschützte Topspots. Teils sind es kleinere Drop-Offs, teils sandige 45-Grad-Abhänge in klarem Wasser. Meterhohe Gorgonienfelder und Seefächer wechseln sich mit allen karibischen Schwammarten ab.

Am Spot Punta Isabel dominieren Korallen und Schwämme, Fische gibt es eher weniger. Bei *Theresa* wird man dafür mit seltenen Cobias, die Haien ähnlich sehen, blauen Füssilieren und verschiedenen Barschen belohnt. Hier gibt es auch gelbe Vasenschwämme von gigantischen Ausmaßen. Unberührt und farbig zeigt sich *Los Faros* zwischen 20 und 25 Metern Tiefe mit violetten Vasenschwämmen, orangen Elefantenohren und gewaltigen Fassschwämmen. Zackenbarsche und Ammenhaie lieben die strömungsreiche Südspitze am *Tinas Reef*, wo sich in kleinen Höhlen Grunzer und Schnapper bei Gefahr verstecken.

In nur vier bis acht Metern Tiefe liegt am Platz *Forty Cannon Galleon* ein Wrack aus dem 17. Jahrhundert. Die vielen Kanonen sind so dicht von Korallen besetzt, dass sie kaum mehr zu erkennen sind. Weitere Überreste unzähliger Wracks aus dem 16. bis 20. Jahrhundert findet man an der rauen Ostseite des Atolls. An diesen darf aus archäologischen Gründen nur geschnorchelt werden. Direkt am Riff vor Xcalak kann man am *Chiminea* in Höhlen und Spalten tauchen und bei *La Poza* im Sommer hunderte Tarpune antreffen.

Rechte Seite: Riesiger Röhrenschwamm

Oben: Alte Kanonen findet man noch auf der Banca Chinchorro

Unten: Taucher im Kamin

85 FAKTEN

- **Tiefe:** 5–35 m
- **Sichtweite:** 10–35 m
- **Wassertemperatur:** 24–29 °C
- **Beste Jahreszeit:** Mai–Nov.
- **Schwierigkeit:** ■–■■■
- **Artenreichtum Korallen:** ■■■■
- **Artenreichtum Fische:** ■■■
- **Großfische:** ■■■
- **Wracks:** ■■■ (es darf nur geschnorchelt werden)
- **Höhlen:** ■■
- **Steilwände:** ■■
- **Schnorcheln:** ■■■■

KARIBIK: BELIZE

Belize

BELIZE ZÄHLT ZU DEN MEISTBESUCHTEN TAUCHDESTINATIONEN DER KARIBIK. IM ZWEITGRÖSSTEN BARRIEREREEF DER WELT UND AUF DREI ATOLLEN FINDEN TAUCHER UNZÄHLIGE ATEMBERAUBENDE SPOTS MIT STEILWÄNDEN UND EINER ÄUSSERST VIELFÄLTIGEN FISCHWELT.

Seit dem Jahre 1981 ist der kleine zentralamerikanische Staat südlich von Mexiko und östlich von Guatemala unabhängig. Unberührte Regenwälder mit seltenen Tieren und Pflanzen, die Tempel der Mayas sowie traumhafte Sandstrände, einsame Inseln und Korallenriffe machen das Land zu einer Attraktion, nicht nur für Taucher.

Man unterscheidet zwischen zwei großen Tauchgebieten: das etwa 300 Kilometer lange Belize Barrier Reef, welches das größte Korallenriff der nördlichen Hemisphäre und das zweitgrößte der Welt darstellt, und drei weiter östlich liegende Atolle.

Das Belize Barrier Reef beherbergt mehrere National- und Marineparks und wurde von der UNESCO zum Weltnaturerbe ernannt. Zu ihm zählen viele Inseln und kleine Sandbänke, sogenannte Cayes. Die meisten kleineren sind unbewohnt, auf anderen befinden sich Resorts. Einige der bekanntesten Inseln und Stellen mit vielen Tauchplätzen heißen von Nord nach Süd: Ambergris Caye, Hol-Chan-Marinereservat, Caulkner Caye, Long Caye, Alligator Caye, Tobacco Caye, Queens Caye und Hunting Caye. Diese werden von den Tauchresorts täglich angefahren.

Weiter östlich im karibischen Meer liegen drei separate Atolle: das Turneffe-Atoll, das Glover's Reef und das Lighthouse Reef, welches sich auf einem anderen Unterwasserrücken erstreckt als die ersten beiden. Zwischen den zwei Rücken geht es tief hinunter und spannende Großfischbegegnungen sind mög-

KARIBIK: BELIZE

Belize

BELIZE ZÄHLT ZU DEN MEISTBESUCHTEN TAUCHDESTINATIONEN DER KARIBIK. IM ZWEITGRÖSSTEN BARRIEREREIFF DER WELT UND AUF DREI ATOLLEN FINDEN TAUCHER UNZÄHLIGE ATEMBERAUBENDE SPOTS MIT STEILWÄNDEN UND EINER ÄUSSERST VIELFÄLTIGEN FISCHWELT.

Seit dem Jahre 1981 ist der kleine zentralamerikanische Staat südlich von Mexiko und östlich von Guatemala unabhängig. Unberührte Regenwälder mit seltenen Tieren und Pflanzen, die Tempel der Mayas sowie traumhafte Sandstrände, einsame Inseln und Korallenriffe machen das Land zu einer Attraktion, nicht nur für Taucher.

Man unterscheidet zwischen zwei großen Tauchgebieten: das etwa 300 Kilometer lange Belize Barrier Reef, welches das größte Korallenriff der nördlichen Hemisphäre und das zweitgrößte der Welt darstellt, und drei weiter östlich liegende Atolle.

Das Belize Barrier Reef beherbergt mehrere National- und Marineparks und wurde von der UNESCO zum Weltnaturerbe ernannt. Zu ihm zählen viele Inseln und kleine Sandbänke, sogenannte Cayes. Die meisten kleineren sind unbewohnt, auf anderen befinden sich Resorts. Einige der bekanntesten Inseln und Stellen mit vielen Tauchplätzen heißen von Nord nach Süd: Ambergris Caye, Hol-Chan-Marinereservat, Caulkner Caye, Long Caye, Alligator Caye, Tobacco Caye, Queens Caye und Hunting Caye. Diese werden von den Tauchresorts täglich angefahren.

Weiter östlich im karibischen Meer liegen drei separate Atolle: das Turneffe-Atoll, das Glover's Reef und das Lighthouse Reef, welches sich auf einem anderen Unterwasserrücken erstreckt als die ersten beiden. Zwischen den zwei Rücken geht es tief hinunter und spannende Großfischbegegnungen sind mög-

86 FAKTEN

- **Tiefe:** 5–40 m
- **Sichtweite:** 15–50 m
- **Wassertemperatur:** 24–29 °C
- **Beste Jahreszeit:** Nov.–Mai
- **Schwierigkeit:** ■–■■■
- **Artenreichtum Korallen:** ■■■■
- **Artenreichtum Fische:** ■■■■
- **Großfische:** ■■■
- **Wracks:** ■■
- **Höhlen:** ■■■■
- **Steilwände:** ■■■■■
- **Schnorcheln:** ■■■■■

lich. Hartkorallen und Gorgonien wachsen überall an Steilwänden, zwischen Canyons oder auf leichten Abhängen. Über 400 Fischarten tummeln sich in den Gewässern, von kleinen Barschen bis zu großen Haien. Verschiedene Nacktschnecken, Muscheln, Krebse und viele Schwämme machen die Riffe zum echten Taucher-Eldorado.

Das Lighthouse Reef ist das schönste Riff, sowohl über als auch unter Wasser. Einer der vielen attraktiven Tauchplätze ist das berühmte *Blue Hole* (s. Spot Nr. 87). Nicht weit entfernt vom Vogelparadies Half Moon Caye liegen weitere Spots mit fantastischen Korallengärten und einem immensen Fischreichtum.

Wer die besten Plätze der Atolle komfortabler und ausgedehnter als auf Ein- oder Zwei-Tages-Touren betauchen will, sollte sich für einen einwöchigen Liveaboard-Trip entscheiden. Diese werden von mehreren Veranstaltern angeboten und starten vom Hafen in Belize-City. Nach amerikanischem Muster werden bis zu fünf Tauchgänge pro Tag unternommen, sodass man von aller Frühe bis nach Sonnenuntergang mit den nötigen Pausen im Wasser bleiben kann.

Linke Seite: Jetzt geht es los!

Oben: Ritterfisch mit eigenartiger Gestalt

Mitte: Der Indigo-Hamletbarsch zählt zur Familie der Sägebarsche

Unten: Silbrig glänzender Tarpun

KARIBIK: BELIZE
Blue Hole

DAS KREISRUNDE, TIEFE LOCH MIT LANGEN STALAKTITEN BIETET EIN TAUCHERLEBNIS DER BESONDEREN ART UND ADRENALIN PUR. DAS BLUE HOLE AM LIGHTHOUSE REEF VOR DER KÜSTE VON BELIZE IST EIN LEGENDÄRER PLATZ MIT KULTSTATUS.

Was für Europäer das Ras Mohammed ist, stellt für amerikanische Taucher das *Blue Hole* dar – wenn man in Belize taucht, gehört das „Blaue Loch" ins Logbuch. Jacques Cousteaus Expedition im Jahr 1972 und sein anschließender Film machten den tiefblauen Platz weltbekannt.

Nach einer Labyrinthfahrt durch die Riffe ankert man etwa 100 Meter vor dem Spot und schnorchelt zu dessen Rand. Zunächst taucht man langsam bis auf acht Meter hinab, dann folgt die Tiefe: Fast ohne Bewuchs geht es senkrecht nach unten. Ab 30 Metern wird es klarer, unter Überhängen tauchen die ersten Stalaktiten auf. Richtig gewaltig wird es ab 45 Metern Tiefe, wo sechs bis sieben Meter lange und etwa ein Meter dicke Kalksäulen herunterhängen.

Insgesamt misst der Wasserkrater 400 Meter im Durchmesser und etwa 140 Meter in der Tiefe. Inmitten des unterirdischen Höhlensystems, das früher mit Luft gefüllt war, brach in einer großen Höhle – wahrscheinlich durch ein Erdbeben vor Millionen von Jahren – die Decke ein.

Im Blue Hole ist es das Feeling, das die Taucher anzieht. Nur selten verirrt sich ein Hai, eine Schildkröte oder eine Schule Makrelen an diesen mystischen Platz.

Links: Das Blue Hole aus der Vogelperspektive

Rechts: Riesiger Stalaktit im Blue Hole von Belize

87 FAKTEN

- ❖ Tiefe: 3–50 m
- ❖ Sichtweite: 15–40 m
- ❖ Wassertemperatur: 24–29 °C
- ❖ Beste Jahreszeit: Nov.–Mai
- ❖ Schwierigkeit: ■■■–■■■■■
- ❖ Artenreichtum Korallen: ■
- ❖ Artenreichtum Fische: ■
- ❖ Großfische: ■
- ❖ Wracks: –
- ❖ Höhlen: ■■■■■
- ❖ Steilwände: ■■■■■
- ❖ Schnorcheln: ■■

KARIBIK: USA
Florida Keys

DIE INSELKETTE IM SÜDEN FLORIDAS IST DAS AMERIKANISCHE TAUCHERMEKKA. DAFÜR SORGEN NEBEN INTERESSANTEN MARINEPARKS AUCH EINFACH ZU BETAUCHENDE, ARTENREICHE RIFFE UND WRACKS.

Der Highway Nr. 1 verbindet die etwa 220 Kilometer lange Inselkette, die zwischen dem Golf von Mexiko und dem karibischen Meer liegt. Vor den Inseln erstrecken sich die einzigen Korallenriffe der USA und dementsprechend frequentiert sind die perfekt organisierten Tauchausflüge, bei denen zwei Tauchgänge pro Bootsausfahrt überall Standard sind.

Die Tauchspots und Tauchbasen konzentrieren sich von Nord nach Süd auf die Inseln Key Largo, Islamorada, Marathon und die Lower Keys einschließlich Key West. Getaucht wird immer auf der karibischen Seite, wo die Riffe alle etwa acht Kilometer von den Inseln entfernt beginnen.

Am meisten wird der „John Pennekamp Coral State Park" vor Key Largo mit seinen 40 Spots betaucht. Der bekannteste Platz hier ist die drei Meter hohe bronzene Christusstatue, die eine Kopie der Statue von Genua ist.

An vielen Plätzen gibt es Wracks, eine farbenprächtige Fischwelt, kapitale Barrakudas und Barsche sowie markante Elchgeweih- und Hirnkorallengärten.

Oben links: Augen der Gewöhnlichen Spinnenschnecke

Oben rechts: Gepunkteter Zackenbarsch

Unten: Eleganter Königin-Drückerfisch

🅱 FAKTEN

❖ Tiefe: 5–35 m
❖ Sichtweite: 10–35 m
❖ Wassertemperatur: 20–32 °C
❖ Beste Jahreszeit: Okt.–Mai
❖ Schwierigkeit: ■–■■■
❖ Artenreichtum Korallen: ■■■
❖ Artenreichtum Fische: ■■■■
❖ Großfische: ■■■
❖ Wracks: ■■■■
❖ Höhlen: ■■
❖ Steilwände: ■
❖ Schnorcheln: ■■■

KARIBIK | 183

KARIBIK: BAHAMAS

Bahamas

VORAUSSETZUNGEN UND ANGEBOT FÜR TAUCHER SIND AUF DEN BAHAMAS NAHEZU PERFEKT: WARMES, KLARES WASSER, KORALLEN- UND FISCHREICHTUM, HÖHLEN, WRACKS, BEGEGNUNGEN MIT HAIEN UND DELFINEN SOWIE EINE HERVORRAGENDE INFRASTRUKTUR.

Über 700 Inseln und viele kleine Cayes bilden den Archipel, der sich auf fast 900 Kilometern von der Ostküste Floridas bis zum Nordosten Kubas erstreckt. Bis 1973 wurde das Land von Großbritannien aus regiert, seitdem ist es ein souveränes Mitglied des Commonwealth of Nations.

Kolumbus gab den Inseln einst den Namen Baja Mar, was übersetzt „flaches Meer" bedeutet. Dieses befindet sich jedoch nur auf der ruhigeren und klaren karibischen Seite, die gerne mit einem überdimensionalen Aquarium verglichen wird. Die atlantische Seite ist rauer und tiefer, verspricht dafür aber mehr Großfische.

Nur 30 Inseln der Bahamas sind bewohnt, wovon New Providence und Grand Bahama die größten sind. Beide verfügen über einen internationalen Flughafen, doch auch einige andere Inseln, die unter dem Namen Out-Islands zusammengefasst werden, besitzen kleinere Flugplätze. Nach offiziellen Angaben locken auf den Bahamas mittlerweile mehr als 30 Tauchdestinationen mit über 1000 Tauchplätzen. Die Basen, Resorts und Liveaboards entsprechen einem hohen internationalen Standard.

Warum schon seit Beginn des Tauchtourismus Enthusiasten aus aller Welt hierherkommen, erklärt sich schnell: Das Wasser ist klar und warm, wunderschön bewachsene Unterwasserlandschaften gibt es in niederen Tiefen ebenso wie an steil abfallenden Drop-Offs. Hinzu kommen einige Höhlensysteme, tiefe Blue Holes und viele spannende Wracks.

89 FAKTEN

- **Tiefe:** 5–40 m
- **Sichtweite:** 15–50 m
- **Wassertemperatur:** 24–29 °C
- **Beste Jahreszeit:** Nov.–Juni
- **Schwierigkeit:** ■–■■■
- **Artenreichtum Korallen:** ■■■■
- **Artenreichtum Fische:** ■■■■
- **Großfische:** ■■■■■
- **Wracks:** ■■■■
- **Höhlen:** ■■■■■
- **Steilwände:** ■■■■■
- **Schnorcheln:** ■■■■

Die 2000 Riffe und Sandbänke waren ehemals ein ideales Versteck für Piraten – und noch heute ein Paradies für Schatztaucher. Noch immer suchen Schatztauchfirmen nach alten Galeeren und deren wertvollen Ladungen.

Weltbekannt ist die Basis Stuart Cove's auf New Providence, die einige Abenteuer anbietet: Scootertauchen, Ausfahrten in Mini-U-Booten, Haifütterungen unter strengen Sicherheitshinweisen und das Betauchen von bekannten Wracks.

Auf Grand Bahama sind seit vielen Jahren die neugierigen Delfine und imposanten Grauen Riffhaie des Projekts UNEXSO die spektakulären Attraktionen. Die zirkusreifen Choreografien der Tiere sind meist ausgebucht. Daneben werden spezielle Haisafaris angeboten, bei denen man Tiger-, Zitronen- und Bullenhaie hautnah erleben kann. Es gibt Gegner und Befürworter dieser Spektakel. Die einen sind kritisch und prognostizieren Unfälle. Die anderen meinen, dass die Tauchgänge und Filme das Bild, das die meisten Menschen von den eleganten Räubern haben, ändern und sie erkennen lässt, dass der Mensch die Gefahr ist und der Hai kein blutrünstiges Monster ist.

Linke Seite: Auf Tuchfühlung mit einem Delfin

Oben: Farbenprächtiger Königsengelfisch

Unten: Graue Riffhaie vor Grand Bahama

KARIBIK: TURKS- & CAICOS-INSELN
Turks- & Caicos-Inseln

DER AUS ZWEI INSELGRUPPEN BESTEHENDE STAAT LIEGT ZWISCHEN ATLANTIK UND KARIBIK. VON JANUAR BIS MÄRZ KANN MAN HIER MIT BUCKELWALEN SCHNORCHELN, GROSSFISCHE UND VOR ALLEM SONNENSCHEIN GIBT ES DAS GANZE JAHR ÜBER.

Der Inselstaat liegt nördlich der Dominikanischen Republik und südöstlich von den Bahamas. Die gut 40 Inseln und Cayes, von denen nur knapp ein Viertel bewohnt ist, standen schon unter spanischer, französischer und britischer Herrschaft, gehörten einst zu den Bahamas und lange Zeit zu Jamaika. Bestrebungen nach Unabhängigkeit scheiterten bis heute, momentan sind sie ein britisches Überseegebiet mit US-Dollar als Währung.

Der Tourismus boomt kräftig und ist die beste Einnahmequelle, die Flüge aus den USA nehmen ständig zu. Geworben wird mit zwölf Monaten Sonnenschein, weißen Puderzuckerstränden und ursprünglicher Karibik sowie „Big Blue Unlimited" und „Großem" für Taucher. Denn zwischen Januar und März ziehen die Buckelwale vom Polarmeer kommend Richtung Silverbanks oder Mouchoir Banks vorbei, um hier ihre Jungen zu gebären. Nur an wenigen Plätzen der Welt kann und darf man mit den Giganten schnorcheln.

Fast alle Tauchplätze des Archipels können mit den schnellen Tagesbooten der Basen angefahren oder während einwöchigen Touren mit Kreuzfahrtschiffen betaucht werden. Die meisten Spots der Inseln liegen an Steilwänden vor den geschützten Inselseiten. Die besten findet man im „Northwest Point Marine Park" vor der westlichen Insel Providenciales, im „West Caicos National Park" und vor den Inseln South Caicos und French Caye. Nicht so oft besucht werden die Riffe vor Grand Turk oder Salt Caye.

Im „Northwest Point Marine Park" wird an einem über fünf Kilometer langen Riff feinstes Steilwandtauchen angeboten. Beliebt ist der Platz *Thunderdome*, eine Stahlgitter-Halbkugel, die einst für eine französische Fernsehshow aufgebaut wurde. Am *Black Coral Forest* ragen Schwarze Korallen aus der Steilwand, Anemonen und Schwämme leben am *Crack*.

Die meisten Plätze von West Caicos liegen im zehn Kilometer langen Marinepark. Ein Heer von Pferdekopfmakrelen empfängt Taucher am *Rock Garden Prelude*, Grauhaie schwimmen am *White Face* und am *Highway to Heaven* umher. Am Spot *Land of the Giants* wachsen allerlei Schwämme, noch mehr findet man bei *Tons of Sponges*.

Am spektakulärsten sind die Tauchplätze bei French Cay 24 Kilometer südöstlich von West Caicos. Hier gebären Ammenhaie im Sommer ihre Jungen. Der *G-Spot* steht für Schwarze Korallen und Haie, *Double D* für Adlerrochen. Selten besucht wird der südlich gelegene *West Sand Spit*, ein jungfräulicher Korallengarten mit Schulen von gelben Brassen, farbenfrohen Engelsfischen, großen Nassaugroupern und kleinen Haien.

Rechte Seite: Seescheidenkolonie zwischen Schwarzen Korallen

Unten links: Gewaltiger Vasenschwamm

Unten rechts: Blick durch das mit Schwämmen bewachsene Stahlgitter am Thunderdom

90 FAKTEN

- **Tiefe:** 3–40 m
- **Sichtweite:** 15–40 m
- **Wassertemperatur:** 24–30 °C
- **Beste Jahreszeit:** Nov.–Juni
- **Schwierigkeit:** ■–■■■
- **Artenreichtum Korallen:** ■■■■
- **Artenreichtum Fische:** ■■■■
- **Großfische:** ■■■■■
- **Wracks:** ■■
- **Höhlen:** ■■■
- **Steilwände:** ■■■■■
- **Schnorcheln:** ■■■■

KARIBIK: KUBA

Südwestliches Kuba

DIE NORDKÜSTE KUBAS GRENZT AN DEN ATLANTIK, DIE SÜDKÜSTE ANS KARIBISCHE MEER. RINGS UM DIE INSEL LIEGEN INTERESSANTE TAUCHREVIERE. HERAUS RAGT DABEI DER SÜDWESTEN, WO SICH DIE KARIBIK UNTER WASSER VON IHRER BESTEN SEITE ZEIGT.

Kuba ist die größte Karibikinsel und kommt insgesamt auf etwa 5800 Kilometer Küstenlinie mit fast 300 Stränden. Obwohl es nur 140 Kilometer bis zur Küste der USA und nur 210 Kilometer bis nach Mexiko sind, ist Kuba ein weitgehend isoliertes Land, was jedoch eine Frage der Zeit zu sein scheint. Der sozialistische Staat ist ein faszinierendes Land mit den besten Tauchspots der ganzen Karibik. Doch leider wird der Tauchtourismus von der Planwirtschaft nicht besonders gefördert, sodass im Gegensatz zu anderen Tauchzielen nur wenig Aufrüstung stattfindet.

Die besten Tauchreviere liegen Richtung Yucatánbecken und Cayman-Rücken. Vor Kuba finden sie sich um die Westspitze bei Cabo San Antonio und bei Maria la Gorda. Hinzu kommen die Gebiete um die Inseln des Canarreos-Archipels Cayo Largo und Isla de la Juventud sowie die Inselgruppe Jardines de la Reina (s. Spot Nr. 92).

Auf der westlichen Halbinsel Guanahacabibes liegt inmitten eines großen Nationalparks und eines Biosphärenreservats der UNESCO Maria la Gorda. Die Tauchplätze mit einer sehr intakten Unterwasserwelt gehören zu den besten Kubas. Es gibt verschiedene Höhlen und an manchen Riffen sieht man die Überreste versunkener Galeeren, einige Anker und Kanonen.

Viel taucherisches Neuland gibt es am westlichsten Punkt der Insel am Cabo San Antonio zu entdecken. Alle Tauchplätze liegen im strömungsreichen Yucatánkanal und versprechen spektakuläre Drifttauchgänge an Steilabfällen, Blue Holes und große Meeresbewohner.

Cayo Largo ist die östlichste Insel des Canarreos-Archipels und hat es bereits zu allen taucherischen Ehren gebracht. Vor der 27 Kilometer langen ehemaligen Schmugglerinsel liegen über 40 Spots, von denen gleich zwei den Namen *Aquario* tragen: Ständig sind Grunzer, Schnapper, Barrakudas, Barsche, Muränen, Rochen, Tarpune, Haie, Langusten, Kaiserfische und Schildkröten anzutreffen. Karibikfische aller Art erlebt man auch etwa 150 Kilometer weiter westlich vor der Isla de la Juventud. Die größte Nebeninsel Kubas inspirierte angeblich Robert Louis Stevenson zu seinem Roman „Die Schatzinsel". Von der Marina Colony erreicht man in etwa 1,5 Stunden Fahrtzeit superlative Tauchplätze mit Canyons, Grotten und Labyrinthen. Vor reichlich bewachsenen Drop-Offs gibt es immer die Möglichkeit, Großfische anzutreffen. Seit 1980 ist das Gebiet marines Naturschutzgebiet.

Linke Seite: Neugieriger Zackenbarsch begutachet einen Taucher

Oben: Tauchspot Salon de Maria la Gorda

Unten: Junger Diadem-Kaiserfisch putzt einen Grunzer

91 FAKTEN

- **Tiefe:** 3–40 m
- **Sichtweite:** 10–50 m
- **Wassertemperatur:** 24–30 °C
- **Beste Jahreszeit:** Nov.–Juni
- **Schwierigkeit:** ■-■■■
- **Artenreichtum Korallen:** ■■■■■
- **Artenreichtum Fische:** ■■■■■
- **Großfische:** ■■■■■
- **Wracks:** ■■■
- **Höhlen:** ■■■■
- **Steilwände:** ■■■■■
- **Schnorcheln:** ■■■■

KARIBIK: KUBA

Jardines de la Reina

DER ARCHIPEL VOR DER SÜDKÜSTE KUBAS WURDE VON CHRISTOPH KOLUMBUS ENTDECKT UND BENANNT. DAS GEBIET ZÄHLT ETWA 600 KORALLENINSELN UND GILT ALS DAS BESTE TAUCHREVIER KUBAS. ES IST EIN ZUHAUSE FÜR GROSSFISCHE ALLER ART.

Als Seefahrer in spanischen Diensten kam Kolumbus als Erster in das Inselparadies, wo er schnell die Vielfalt der Flora und Fauna erkannte. So nannte er zu Ehren der spanischen Königin Isabella den Archipel „Gärten der Königin".

Heute ist der „Parque Nacional Jardines de la Reina" mit etwa 2200 Quadratkilometern eines der größten Naturschutzgebiete Kubas. Doch nicht nur auf den Inseln, sondern auch unter Wasser begeistert die Natur mit ihrer Fülle, sodass ein 160 mal 36 Kilometer großes Gebiet zum Marinepark erklärt wurde. Die Population wächst ständig, seitdem 1996 kommerzielles Fischen verboten wurde. Viele sprechen wegen der etlichen Arten von Haien, Zackenbarschen, Barrakudas, Tarpunen und Fischschulen vom karibischen „Big Fish Paradise".

Die Anzahl der Taucher ist jährlich auf 400 Besucher limitiert. Das einzige Tauchzentrum des Unterwasserparadieses ist eine zwischen Mangroven verankerte, schwimmende Hotelanlage mit Tauchbasis und Platz für 14 Gäste. Wer hierher möchte, muss für die 90 Kilometer lange Bootsfahrt von der Stadt Jucaro auf Kuba über den Golfo de Ana Maria über drei Stunden einplanen. Zudem steuern momentan drei Safarischiffe das bekannte Tauchgebiet an.

Die 50 gelisteten Spots liegen in einem 70 Kilometer langen Gebiet und sind mit Bojen gekennzeichnet. Es sind sicherlich zwei Dutzend standorttreue Seidenhaie, die bereits beim Festmachen des Tauchschiffes am Spot *Pippin* die Taucher empfangen. Beim Sprung ins Wasser ist Vorsicht geboten, damit man die faszinierenden Raubfische nicht trifft. Einst wurden sie mit wissenschaftlichen Absichten angefüttert, da man einige von ihnen zur Umsiedlung fangen musste und dabei nicht verletzen wollte. Die Haifänger entdeckten dabei Zonen an ihren Körpern, die sie kurzfristig in einen gelähmten Zustand versetzen, was auch als Paralyse oder tonische Immobilität bezeichnet wird. Die Guides spielen nun ab und zu mit ihnen wie mit jungen dressierten Hunden, was Tauchern jedoch absolut verboten ist.

Ein paar Meter tiefer leben gewaltige Zackenbarsche, in den Canyons lauern prächtige Tarpune und Barrakudas. Fette Riffhaie belagern den Platz *Black Coral*, ein traumhafter Korallengarten mit Fischen wie im Bilderbuch heißt *La Cana*. Die am *Meseta de los Meros* lebenden, bis zu 200 Kilogramm schweren Zackenbarsche kennen Tauchern gegenüber keine Scheu. Überall leben große Schildkröten, zahme Echsen und vereinzelt Krokodile.

Rechte Seite: Der Haiflüsterer versetzt den Hai in Trance

Unten: Absolut nicht scheu zeigen sich die Riesenzackenbarsche am Meseta de los Meros

92 FAKTEN

- **Tiefe:** 3–40 m
- **Sichtweite:** 20–50 m
- **Wassertemperatur:** 24–30 °C
- **Beste Jahreszeit:** Nov.–Juni
- **Schwierigkeit:** ■—■■
- **Artenreichtum Korallen:** ■■■■■
- **Artenreichtum Fische:** ■■■■■
- **Großfische:** ■■■■■
- **Wracks:** ■■■
- **Höhlen:** ■■■■
- **Steilwände:** ■■■■■
- **Schnorcheln:** ■■■

KARIBIK: CAYMAN-INSELN

Cayman-Inseln

MITTEN IN DER KARIBIK LIEGT MIT DEM FÜNFTGRÖSSTEN FINANZZENTRUM DER WELT AUCH EINES DER SCHÖNSTEN TAUCHGEBIETE DES KARIBISCHEN MEERS – MIT WRACKS, STEILWÄNDEN, LEICHT ABFALLENDEN RIFFEN, CANYONS UND FREUNDLICHEN STACHELROCHEN.

Kolumbus entdeckte die Inseln für die Neue Welt und nannte sie nach den Meeresschildkröten „Las Tortugas", die Indios gaben ihnen später den Namen „Las Caymanas" nach den Echsen. Europäische Großmächte lieferten sich hier erbitterte Seeschlachten um die Schätze der geplünderten Kulturstätten Mittelamerikas und Gerüchte über Piratenschätze des Kapitän Blackbeard halten sich noch immer.

Heute laufen in dem kleinen Dreiinselstaat südlich von Kuba und nordwestlich von Jamaika die Fäden der internationalen Finanz- und Geschäftswelt zusammen. Kein Wunder, denn die britische Kronkolonie gilt bis heute als Steueroase. Doch der wahre Reichtum der Inseln ist das karibische Meer um sie herum – baden, windsurfen, segeln, fischen und tauchen kann man vorzüglich, auch wenn es nicht gerade preiswert ist.

Grand Cayman ist, wie der Name schon sagt, die größte der drei Inseln. Sie gilt als eine der Geburtsstätten des Gerätetauchens und bietet die Möglichkeit für Tauchgänge von Land ebenso wie von Booten.

Bekannt sind Spots vor dem belebten Seven-Mile-Beach am West End nördlich der Hauptstadt George Town. Einfach zu betauchende Plätze, deren Namen für sich selbst sprechen, sind *Aquarium* und *Bonnie's Arch*, das „Balboa Wreck" und das „Oro Verde Wreck". Für erfahrene Taucher gibt es auf der Westseite auch verschiedene Drop-Offs. Relativ flach sind einige Spots mit Korallengärten vor der

Cayman-Inseln

FAKTEN

- Tiefe: 4–40 m
- Sichtweite: 15–40 m
- Wassertemperatur: 26–30 °C
- Beste Jahreszeit: Nov.–Juni
- Schwierigkeit: ■–■■■
- Artenreichtum Korallen: ■■■■
- Artenreichtum Fische: ■■■■■
- Großfische: ■■■■
- Wracks: ■■■■
- Höhlen: ■■■
- Steilwände: ■■■■■
- Schnorcheln: ■■■■■

Südküste wie *Tarpon Alley*, *South Sound Garden* oder *Red Bay Gardens*.

Auf der Nord- und Ostseite befinden sich mehrere Dutzend Plätze, die allerdings nicht in direkter Nähe der meisten Basen liegen. Zudem muss man bedenken, dass die Küste an diesem Abschnitt ungeschützt und den Wellen ausgeliefert ist. Die bekanntesten Spots neben der Schildkröten-Farm im Nordwesten heißen *Mini-Wall*, *North Sound Reef*, *Grand Canyon*, *North-Wall* und *East Side Reefs*.

Weltbekannt ist *Stingray City* in der großen geschützten Bucht North Sound, in der sich seit vielen Jahren rund 200 Stachelrochen an verschiedenen Plätzen versammeln und sich aus der Hand füttern lassen. Obwohl sich die Tiere gut an Menschen gewöhnt haben, ist Vorsicht geboten.

Viel beschaulicher geht es auf den Nachbarinseln zu. Vor Little Caymans Westküste ist an der *Bloody Bay Wall* feinstes Tauchen mit großen Schwämmen, Korallen, Groupern und Schildkröten möglich. Gar einzigartig im Westen der Welt ist ein Tauchgang an einem russischen Kriegsschiff. Das 101 Meter lange Wrack wurde 1996 versenkt, nachdem man es den Kubanern abgekauft hatte.

Linke Seite: Inmitten eines Schwarms von Glasfischen in einer Höhle

Oben: Imposante Elchgeweihkoralle

Unten: Barrakudas sind die Riffpolizisten

Süßwasser, die Grundlage unseres Lebens, nimmt den geringsten Anteil der Wassermenge auf unserer Erde ein – dementsprechend wenig Beachtung finden diese Gewässer bei Tauchern. Dabei gibt es weltweit grandiose Spots und wer einmal einen Blick in märchenhafte Bergseen, glasklare Quellen, eindrucksvolle Höhlen, fischreiche Seen, Flüsse oder Wildbäche geworfen hat, ist fasziniert.

SÜSSWASSER

SÜSSWASSER: USA

Crystal River

IM WINTER BEZIEHEN IN DER KINGS BAY VOR CRYSTAL RIVER IM NORDWESTEN FLORIDAS MANATIS, AUCH ALS RUNDSCHWANZSEEKÜHE BEKANNT, QUARTIER. NIRGENDS AUF DER WELT KÖNNEN TAUCHER EINEN ENGEREN KONTAKT ZU EINEM MEERESTIER HABEN ALS HIER.

Den Ort Crystal River an der Küste Floridas erreicht man von Orlando in knapp zwei Stunden Autofahrt. Der gleichnamige Fluss entspringt in der Bucht Kings Bay. Warme Quellen sorgen dafür, dass die Wassertemperaturen das ganze Jahr hindurch recht konstant zwischen 22 und 26 Grad Celsius liegen. So suchen in den Wintermonaten, wenn der Golf von Mexiko abkühlt, viele Rundschwanzseekühe die wärmeren Gewässer auf, um zu überwintern.

Es gibt in Florida über 20 verschiedene Flussläufe und Quellen, in die sich die warmblütigen Vegetarier zurückziehen. Die Bucht bei Crystal River ist das einzige Gebiet, in dem Schnorchler sie live erleben dürfen. Die bis zu 600 Kilogramm schweren sanften Sirenen lieben nicht nur die Temperaturen in dem Naturschutzgebiet, sondern auch das hiesige Seegras und Kraut, wovon sie täglich – je nach Körpergewicht – etwa 100 Kilogramm benötigen.

In Crystal River bieten einige Shops geführte Schnorcheltouren zu dieser einmaligen Attraktion an. Wer es auf eigene Faust versuchen will, kann sich auch ein Boot mieten, doch ist es gar nicht so leicht, die Säugetiere in der weit verzweigten Bucht zu finden. Je kälter es draußen ist, desto besser sind die Möglichkeiten für gute Begegnungen mit den Manatis.

Wer die friedfertigen Riesen mit ihren kleinen Kulleraugen gut beobachten will, muss bereits in der Morgendämmerung hinaus. Der Andrang auf die behäbigen Sympathieträger ist groß und bei zu viel Trubel ziehen sie sich in die markierten Schutzzonen zurück. Spezielle Ranger wachen darüber, dass niemand eindringt, und wer die Gesetze verletzt, muss mit empfindlichen Geldstrafen rechnen. Normalerweise zeigen die „Elefanten der Meere" überhaupt keine Scheu, ganz im Gegenteil: Oftmals suchen sie regelrecht die Berührung mit Menschen, ein wirklich fantastisches Erlebnis.

Die Population weltweit wird mit ungefähr 3000 Tieren angegeben, etwa 350 davon überwintern in der Kings Bay. Natürliche Feinde haben die Tiere nicht, Hauptgefahr für sie sind Bootskollisionen und Verletzungen durch Propeller, da sie immer wieder auftauchen müssen, um Luft zu holen. Seit 1967 stehen sie in den USA unter Naturschutz und verschiedene Organisationen arbeiten in aufwändigen Schutzprogrammen.

Da sich das Tauchen mit den Manatis nur morgens abspielt, kann man anschließend in einem der klarsten Flüsse der Welt, dem Rainbow River, mit Sichtweiten bis zu 60 Metern im nahen Dunnellon abtauchen.

Rechte Seite oben: Manati-Liebe – Seekühe im Crystal River

Rechte Seite unten: Gemütliches Manati-Paar

Unten: Schnorcheln im glasklaren Rainbow River

94 FAKTEN

- **Tiefe:** 1–5 m (mit Seekühen ist nur das Schnorcheln erlaubt)
- **Sichtweite:** 3–40 m
- **Wassertemperatur:** im Winter 22 °C
- **Beste Jahreszeit:** Nov.–März
- **Schwierigkeit:** ■
- **Artenreichtum Korallen:** –
- **Artenreichtum Fische:** ■■
- **Großfische:** ■
- **Wracks:** –
- **Höhlen:** ■■ (in der Kings-Quelle)
- **Steilwände:** –
- **Schnorcheln:** ■■■■■

SÜSSWASSER: USA

Ginnie Springs

IN GINNIE SPRINGS LIEGEN GLEICH MEHRERE DER VIELEN QUELLEN VON ZENTRAL- UND NORDFLORIDA. SCHON LANGE SIND SIE EINE BEKANNTE ADRESSE, DENN MAN KANN HIER IN WARMEM WASSER BESTENS SCHORCHELN, TAUCHEN UND SOGAR HÖHLENTAUCHEN.

Wohin man in Zentral- oder Nordflorida blickt, überall findet man Quellen, Flüsse, Tümpel und Seen. Vor vielen Millionen Jahren lag ganz Florida unter Wasser, bis der Meeresspiegel sank und sich das Festland bildete. Dieses liegt nur gering über dem Meeresspiegel, der Grundwasserspiegel meist knapp unter der Oberfläche. Der Untergrund des Karstgebietes besteht aus Kalkstein und in vielen eingestürzten Höhlen sammelt sich Wasser in Dolinen (Sink Holes). Es gibt eine Menge Quellen, an denen das gefilterte Grundwasser mit immenser Kraft heraussprudelt.

Ein bekanntes Taucherparadies ist Ginnie Springs bei High Springs. In einem Freizeitpark gibt es einen großzügig angelegten Campingplatz und eine Tauchbasis mit angegliedertem Shop. Sieben Quellen im 8000 Ar großen Areal liefern täglich hunderte Millionen Liter klarstes und konstant 22 Grad Celsius warmes Wasser. Für Schnorchler und Taucher gilt es, wichtige Verhaltensregeln zu beachten.

Der Quelltopf von *Ginnie Springs* misst im Durchmesser etwa 30 Meter und ist fünf Meter tief. Der Uferbereich ist mit allerlei Pflanzen herrlich bewachsen, vereinzelt sieht man Schildkröten, Aale, Lungenfische und Krebse, bunte Sonnenbarsche flitzen überall herum. Ein breiter Eingang am Boden der Quelle führt zur Hauptattraktion, der großen Höhle. Sie ist ideal für erfahrene Taucher und angehende Höhlentaucher, im oberen Bereich tritt noch etwas Tageslicht ein. Im *Ball Room* ist sie maximal 15 Meter tief, der

Ginnie Springs

95 FAKTEN

- **Tiefe:** 1–15 m
- **Sichtweite:** 7 m im Fluss, mehr als 40 m in den Quellen
- **Wassertemperatur:** 22 °C
- **Beste Jahreszeit:** ganzjährig
- **Schwierigkeit:** ■–■■■
- **Artenreichtum Korallen:** –
- **Artenreichtum Fische:** ■■■
- **Großfische:** ■
- **Wracks:** –
- **Höhlen:** ■■■■■
- **Steilwände:** –
- **Schnorcheln:** ■■■■■

weiterführende Tunnel ins Erdinnere ist aus Sicherheitsgründen vergittert.

Der Quellteich führt über einen 45 Meter langen Abfluss in den Santa Fe River. An der Mündung entstehen durch Mischung des klaren Quellwassers mit dem gelblichen Flusswasser und den dort lauernden, imposanten Alligatorhechten fotogene Stimmungen.

Die Quellen und Höhlen von *Devils Ear* und *Devils Eye* dürfen nur von lizensierten Höhlentauchern besucht werden. Ein Flusstauchgang von der Quellmündung bis zu *Ginnie Springs* ist sehr interessant, am Flussboden suchen Taucher oft nach versteinerten Haifischzähnen. *Juli Spring, Deer Spring* und *Twin Spring* sind weitere Quellen im Areal, die alle einem riesigen Aquarium gleichen.

Wunderschön schnorcheln kann man im nicht weit entfernten Ichetucknee River. Wer Glück hat, kann neben vielen Fischen sogar einen Alligator entdecken.

Linke Seite: Alligatorhecht in der Abendsonne im Santa Fe River

Oben: Ein Traum von einem Gewässer – der Quelltopf von Ginnie Springs

Unten: Taucher vor dem Einstieg in das Höhlensystem von Devils Eye

SÜSSWASSER: MEXIKO
Cenoten

UNTER DER MEXIKANISCHEN HALBINSEL YUCATÁN LIEGT EIN RIESIGES UND EINZIGARTIGES WASSERLABYRINTH. DURCH DIE CENOTEN GELANGT MAN IN FASZINIERENDE GROTTEN, HÖHLEN UND GÄNGE DER UNTERIRDISCHEN FLÜSSE.

Rechte Seite: Eingang zum Temple of Doom – der Tempel des Teufels

Oben: Schienbein und Knochen eines Urelefanten – circa 12 000 Jahre alt

Mitte: Der Eingangsbereich der Grand Cenote eignet sich auch hervorragend zum Schnorcheln

Unten: Quelltopf und Einstieg zur Höhle Dos Ojos

 **FAKTEN**

- **Tiefe:** 1–16 m (Cenote Angelitaca: 60 m)
- **Sichtweite:** 20–80 m
- **Wassertemperatur:** 23–26 °C
- **Beste Jahreszeit:** Dez.–Mai
- **Schwierigkeit:** ■–■■■■■
- **Artenreichtum Korallen:** –
- **Artenreichtum Fische:** ■■■
- **Großfische:** –
- **Wracks:** –
- **Höhlen:** ■■■■■
- **Steilwände:** –
- **Schnorcheln:** ■■■■■

Die Mayas gaben den unterirdischen und mit Süßwasser gefüllten Räumen, die ihnen als Trinkwasserquelle dienten, den Namen Cenoten. Für sie waren es die Eingänge zur Unterwelt und daher Orte spiritueller Handlungen und Opferstätten. Entstanden sind die Höhlen vor etwa 1,5 Millionen Jahren, nachdem in der Eiszeit die Pole anwuchsen, der Meeresspiegel sank und die Riffe, die von winzigen Korallenpolypen gebaut worden waren, nun über Wasser lagen. Durch Regen und Erdbewegungen wurde das Kalkriff dann sukzessiv ausgehöhlt und in den Hohlräumen entstanden Tropfen für Tropfen einzigartige Formen. Als die Polkappen erneut schmolzen, wurden viele ehemalige Landteile überflutet. Das Labyrinth von Yucatán liegt seitdem unter Wasser und überall befinden sich heute die Erdlöcher eingestürzter Karsthöhlendecken, Schächte, Wasserbecken, Tümpel, Seen oder Lagunen – die Cenoten.

Durch unterirdische Gänge sind viele Cenoten miteinander verbunden. Im Januar 2007 konnten Höhlenforscher ganz neue Gänge entdecken und somit das längste zusammenhängende und mit Wasser gefüllte System der Welt nachweisen – ein 153 599 Meter langes Paradies für Höhlentaucher.

Manche Cenoten liegen so im Dschungel versteckt, dass man nur in aufwendigen Expeditionen zu ihnen gelangt. Einfach erreichbar sind einige der märchenhaften Traumgewässer um Playa del Carmen an der Nordostküste und in der Nähe des weiter südlich gelegenen Tulum. Verschiedene Tauchbasen bieten geführte Touren hierher an. Zu beachten ist, dass ohne spezielle Höhlenausbildung nur der sogenannte Tageslichtbereich erkundet werden darf.

Die bekanntesten Höhlen liegen südlich von Playa del Carmen. In der *Chac-Mool* erlebt man spektakuläre Stimmungen durch einfallende Sonnenstrahlen. Nicht weit entfernt liegen die auch bestens zum Schnorcheln geeigneten Cenoten *Ponderosa* und *Taj-Mahal*, beide sind maximal 14 Meter tief.

Nach ihren zwei Eingängen, die wie Augen aussehen, wurde *Dos Ojos* nordöstlich von Tulum benannt. Wunderschöne Tropfsteine kann man bereits am Eingang bewundern. Für die meisten Höhlen wird eine Gebühr erhoben, auch für die *Gran Cenote* bei Tulum, eine der schönsten Grotten der Gegend, die auch ideal für Schnorchler ist. Sehr mystische Stimmungen erlebt man in der *Cala Vera*, viele Fische bevölkern die Cenote *Actun Ha* und die schön bewachsene Cenote *Cristal* bietet schier unendliche Sichtweiten. Mitten im Dschungel versteckt ist die sensationelle *Tuhx Cubaxa*, in der tief im Inneren Zähne von Urelefanten gefunden wurden.

SÜSSWASSER: NEUSEELAND

Waikoropupu Springs

IM NORDEN DER SÜDINSEL VON NEUSEELAND LIEGT DIE GRÖSSTE UND POPULÄRSTE SÜSSWASSERQUELLE DES LANDES. WEIL DIE SICHTWEITE EXAKT 62 METER BETRÄGT, GILT SIE ALS EINES DER KLARSTEN GEWÄSSER DER WELT.

Seit einiger Zeit sind die Maoris, die Ureinwohner Neuseelands, in Sorge: Huriawa, der Wassergeist, wird in seiner Ruhe von Touristen gestört. Er bewohnt und bewacht die Waikoropupu Springs, das edelste aller Gewässer. Doch da diese klare Quelle eine wahre Attraktion ist, wird sie heute in jedem Reiseführer angepriesen, und dementsprechend frequentiert ist dieser heilige Platz der Maoris.

Den Kristall aus blauem und türkisfarbenem Wasser mit den unzähligen Grüntönen der Unterwasserflora möchte niemand, der nach Neuseeland reist, verpassen. Dies ist erst möglich, seitdem das Gebiet 1977 zum geschützten Nationalpark erklärt wurde, denn vorher befand es sich in Privatbesitz. In der Hauptsaison steht man heute schon mal Schlange, um maximal 15 Minuten unter die Wasseroberfläche schauen zu dürfen. Die Auflagen sind streng, Personenanzahl und Tauchzeit sind begrenzt und jeder Gast muss sich am Eingang in ein Buch eintragen. Wie lange dies noch so sein wird, weiß niemand so genau, da die Maoris eine Sperrung der Quellen für Taucher durchsetzen möchten.

Mit großem Druck sprudelt das Wasser der Hauptquelle aus einem sieben Meter tiefen Felsspalt. Pro Sekunde treten 7 bis 21 Kubikmeter Wasser aus, welches aus dem 16 Kilometer entfernten Takaka River kommt – nachdem es versickert ist, können jedoch zehn Jahre vergehen, bis es hier wieder austritt. Die extreme Klarheit entsteht durch natürliche Filter und ein artesisches Tunnelsystem. Der Hauptquelltopf misst gerade mal 42 Meter im Durchmesser, in der Horizontalen konnten mit Spiegeln und Lasertechnik 62 Meter Sichtweite gemessen werden. Die Temperatur beträgt das ganze Jahr über konstante 11,7 Grad Celsius.

Verschiedene Moose gedeihen am Boden neben Wasser-Vergissmeinnicht, Wasserkresse ragt bis zur Oberfläche, am Rand wuchern Binsen und sogar rötliche Gräser sind vertreten. In Ritzen verborgen leben einige Süßwasserkrebse, Fische sind eher selten. Verhält man sich ganz ruhig, spiegelt sich der Unterwassergarten an der Wasserunterfläche, eine fantastische Szenerie.

Ein paar Meter unterhalb der Quelle gibt es weitere glasklare, aber nicht ganz so tiefe Wasseraustritte aus einer kleinen Sandfläche. Es sprudelt permanent, kleine Sandvulkane wirbeln herum und es scheint, als würde der Sand wild tanzen, deshalb gaben die Maoris dem einzigartigen Biotop den Namen „Dancing Sands". Für Taucher sind diese Quellen leider zu klein und nicht zugänglich, sodass die Attraktion nur von oben betrachtet werden darf.

Linke Seite: Der Quelltrichter

Oben: Tauchen wie im Glashaus

Unten: Wunderschöne Pflanzen in glasklarem Wasser

97 FAKTEN

- **Tiefe:** 1–7 m
- **Sichtweite:** 62 m
- **Wassertemperatur:** 12 °C
- **Beste Jahreszeit:** Nov.–Mai
- **Schwierigkeit:** ■
- **Artenreichtum Korallen:** –
- **Artenreichtum Fische:** ■
- **Großfische:** –
- **Wracks:** –
- **Höhlen:** –
- **Steilwände:** –
- **Schnorcheln:** ■■■■

SÜSSWASSER: SCHWEIZ/DEUTSCHLAND/FRANKREICH

Rhein

BESONDERS DER HOCH- UND DER OBERRHEIN HAT VIELE SPANNENDE TAUCHPLÄTZE ZU BIETEN. IM SÜDBADISCHEN BEREICH GIBT ES EIN FASZINIERENDES REVIER, IN DEM DIE KOMPLETTE FLORA UND FAUNA DES KÄLTEREN SÜSSWASSERS GUT VERTRETEN IST.

Der Rhein, der in der Schweiz entspringt und in die Nordsee mündet, ist mit einer Länge von 1320 Kilometern eine der verkehrsreichsten Wasserstraßen der Welt. Für Taucher hält der Fluss in der Grenzregion Schweiz, Frankreich, Deutschland einige Überraschungen bereit.

Bereits der Bodensee, durch den der Rhein fließt, ist ein abwechslungsreiches und anspruchsvolles Tauchrevier mit Steilwänden und Wracks. Deshalb haben sich in dem Gebiet einige Tauchbasen angesiedelt. In den nachfolgenden Flussabschnitten des Hoch- und Oberrheins zwischen Schaffhausen und Straßburg und den nahen Quelltöpfen können exzellente Tauchgänge unternommen werden.

Für das Flusstauchen gelten spezielle Regeln. Über Ein- und Ausstiege, Gefahren, Gesetzesbestimmungen und Naturschutzgebiete muss man sich genau informieren. Zudem sind Tauchgänge nach Regentagen nicht zu empfehlen, da dann die Sichtweiten sehr getrübt sind.

Ein sehr beliebter Tauchplatz findet sich bei Rheinau an der Zollbrücke, wo man sowohl auf der deutschen als auch auf der Schweizer Seite in die Fluten steigen kann. Unterhalb des Wehres sieht man flussabwärts in niederen Tiefen zwischen Pflanzen verschiedene Jungfische. Unter der Brücke, wo es je nach Wasserstand vier bis sechs Meter tief ist, bieten sich zwischen Steinblöcken ideale Verstecke für Fluss- und Kaulbarsche, fette Aale und schwere Welse an. Hinter der

98 FAKTEN

- **Tiefe:** 1–10 m
- **Sichtweite:** 3–30 m
- **Wassertemperatur:** 8–24 °C
- **Beste Jahreszeit:** März–Nov.
- **Schwierigkeit:** ■–■■■
- **Artenreichtum Korallen:** –
- **Artenreichtum Fische:** ■■■■
- **Großfische:** ■■■
- **Wracks:** ■■■ (Bodensee)
- **Höhlen:** –
- **Steilwände:** ■
- **Schnorcheln:** ■■■■■

Zollbrücke kann man an der tiefsten Stelle in neun bis zehn Metern an einer kleinen Felswand entlangtauchen, wo Bäume und Äste mit Algen dekoriert sind.

Ein paar Kilometer flussabwärts liegt Ellikon. Hier steigt man unterhalb des Wehres auf der Schweizer Seite ein. Vorsicht ist wegen der Wasserwalzen geboten, auf die Verbotsschilder ist zu achten. Während man sich etwa 50 Minuten mit der Strömung treiben lässt, kann man viele Aale, einige Karpfen und flinke Äschen entdecken. Wichtige Informationen über die vielen weiteren Plätze in der Gegend können im „Schweizer Dive Guide" nachgelesen werden.

In Südbaden und im Elsass tritt in Quelltöpfen nahe des Altrheins klares, nährstoffarmes und konstant acht Grad Celsius kaltes Wasser aus dem Boden. Die herrlichen Stimmungen der Unterwasserflora könnten Aquarelle sein. Die maximal drei Meter tiefen „Blauwasser" sind Kleinode der Natur und einzigartige Biotope, die häufig unter Naturschutz stehen. Zwischen der faszinierenden Pflanzenwelt lauern kapitale Hechte auf Friedfische. Wenn sich das Sonnenlicht bricht, entstehen verzaubernde Stimmungen.

Linke Seite: Riesiger Hecht – der Barrakuda des Süßwassers

Oben: Taucher in einer der Altrheinquellen

Unten: Breitkopfaal schaut aus seinem Versteck

SÜSSWASSER

SÜSSWASSER: SCHWEIZ
Verzasca & Maggia

DIE SCHWEIZ PRÄSENTIERT SICH IN PUNCTO TAUCHEN VIELFÄLTIG: SEEN, FLÜSSE UND WILDE BERGBÄCHE VERSPRECHEN BESONDERES. IM TESSIN IST DAS FLUSSTAUCHEN IN GLASKLAREN STEINGÄRTEN UND UNTER WASSERFÄLLEN EINE HERAUSFORDERUNG.

Das Land der Eidgenossen hat unter Wasser einiges zu bieten. Neben den Süßwasser-Tauchparadiesen in den Flüssen Verzasca und Maggia im Tessin gibt es in der Schweiz 1484 natürliche und 44 künstliche Seen sowie tiefe Gumpen an Bergbächen.

Die zwei schönsten Täler, die das Wasser in Jahrmillionen in die wilde Landschaft geformt hat, sind das Verzasca- und das Maggiatal oberhalb des Lago Maggiore bei Locarno. In den Flüssen sind zwischen wilderen Abschnitten immer wieder ruhigere Becken eingebettet. Die vielen Tauchplätze wurden durch den Schweizer Tauchverband vorbildlich markiert, sind an Wochenenden in der Hauptsaison jedoch leicht überfüllt. Parkplätze sind meist in der Umgebung vorhanden.

Wo der Wildbach rauscht, müssen Taucher oft erst ein wenig laufen oder sogar klettern. So sind neben genügend Erfahrung auch Fitness und die Beachtung spezieller Regeln Grundvoraussetzungen. Gefährliche Situationen gilt es einzuschätzen und rechtzeitig zu erkennen. Tauchgänge bei reißendem Hochwasser sind tabu, der Blick auf den aktuellen Wetterbericht ist Pflicht. Bevor man ins Wasser steigt, muss die komplette Tauchstrecke inspiziert und der Ausstieg muss gut eingeprägt oder markiert werden.

Wer in den beiden Flüssen taucht oder schnorchelt, kommt aus dem Staunen kaum heraus. Der Reiz liegt in erster Linie in der Transparenz des Wassers, das in allen Grün- und Blautönen leuchtet. Wunderbare Stimmungen entstehen meist um die Mittagszeit, wenn die Sonne in die engen Schluchten eindringt und Felskristalle funkeln lässt. Unterwassercanyons und glatt polierte, tonnenschwere Murmeln aus Quarz, Granit, Feldspat und Glimmer haben herrliche Streifenmuster.

Vorsicht ist bei Stromschnellen oder Wasserfällen geboten, wo sich Bachforellen fast tänzerisch bewegen, das Tauchen aber lebensgefährlich sein kann. In ruhigeren Uferbereichen entdeckt man Grundeln, Frösche oder sogar Molche. Spiegelungen an der Wasserunterfläche bilden verzaubernde, surreale Formen, ein Traum für jeden Fotografen und Filmer.

Im Verzascatal liegen die bekanntesten Plätze an der Römerbrücke, am Pozzo delle Posse, am Pozzo della Misura und am Wasserfall bei Frasco. Im Maggiatal lohnen sich Einstiege bei der Ortschaft Ponte Brolla, an einigen Plätzen hinter der Eisenbahnbrücke, bei der Wolfsschlucht und in den höheren Regionen bei Fusio.

Rechte Seite: Tauchen unter der Römerbrücke im Verzascatal

Oben: Bachforelle – typisch für diese wilde Region

Mitte: Stromschnelle im Wildbach

Unten: Taucher unter einem Wasserfall

---

99 FAKTEN

- ❖ Tiefe: 1–14 m
- ❖ Sichtweite: 10–30 m
- ❖ Wassertemperatur: 7–18 °C
- ❖ Beste Jahreszeit: Juni–Okt.
- ❖ Schwierigkeit: ■–■■■■■
- ❖ Artenreichtum Korallen: –
- ❖ Artenreichtum Fische: ■■
- ❖ Großfische: –
- ❖ Wracks: –
- ❖ Höhlen: ■■
- ❖ Steilwände: ■■
- ❖ Schnorcheln: ■■■■

SÜSSWASSER: ÖSTERREICH

Fernsteinsee & Samaranger See

DIE BEIDEN BERGSEEN IN TIROL GEHÖREN ZU DEN BESTEN TAUCHADRESSEN DER GESAMTEN ALPENREGION. MIT TRAUMHAFTEN SICHTWEITEN UND EINER MÄRCHENHAFTEN UNTERWASSERLANDSCHAFT BEGEISTERN SIE SELBST TROPENVERWÖHNTE TAUCHER.

Fernsteinsee & Samaranger See

Wer in den beiden kristallenen Bergseen tauchen möchte, den erwartet unter Wasser eine Art Märchenland, die grandiose Landschaft des Naturschutzgebietes am Fernpass und ein Aufenthalt in einem Schlosshotel. Denn nachdem die Seen, die sich in Privatbesitz befinden, bis vor einiger Zeit durch zu viele Taucher jenseits ihrer ökologischen Kapazitätsgrenze lagen, dürfen heute nur Hotelgäste in ihnen abtauchen.

Einige Erfahrung ist die zweite Voraussetzung. Exaktes Tarieren ist entscheidend, da aufgewirbeltes Sediment den Unterwasserpflanzen schaden und die filigranen Schleimalgen, die versunkene Bäume und Äste eindrucksvoll umhüllen, zerstören würde. In der Mitte des Fernsteinsees, der im Durchmesser etwa 450 Meter misst, liegt eine Insel mit einer Burgruine. Im türkisgrünen See leben Forellen und Saiblinge.

Ein stahlblaues Traumgewässer mit unglaublicher Transparenz ist der kleinere und kältere Samaranger See. Wie überdimensionale Mikadostäbe liegen riesige Baumstämme auf dem Grund herum und sind mit fantastischen Algen überzogen. Taucht man in der Mitte des Sees, kann man einen grandiosen Rundumblick auf das gesamte Ufer erleben.

100 FAKTEN

- Tiefe: 1–17 m
- Sichtweite: 15–50 m
- Wassertemperatur: 4–18 °C
- Beste Jahreszeit: April–Okt.
- Schwierigkeit: ■
- Artenreichtum Korallen: –
- Artenreichtum Fische: ■■
- Großfische: –
- Wracks: –
- Höhlen: –
- Steilwände: –
- Schnorcheln: ■■■■

Links: Baumstämme verteilen sich wie Mikadostangen auf dem Grund des Samaranger Sees

Rechts: Algen wie aus Watte